초판 발행일 | 2025년 2월 10일
지은이 | 해람북스 기획팀
펴낸이 | 최용섭
총편집인 | 이준우
기획진행 | 김미경
표지디자인 | 김영리

주소 | 서울시 용산구 한남대로 11길 12, 6층
문의전화 | 02-6337-5419
팩스 | 02-6337-5429
홈페이지 | https://class.edupartner.co.kr

발행처 | (주)미래엔에듀파트너 **출판등록번호** | 제2020-000101호

ISBN 979-11-6571-225-9 13000

이 책은 저작권법에 따라 보호받는 저작물이므로 무단전재와 무단복제를 금지하며, 이 책 내용의 전부 또는 일부를 이용하려면 반드시 저작권자와 (주)미래엔에듀파트너의 서면동의를 받아야 합니다.

※ 잘못된 책은 바꾸어 드립니다.
※ 책 가격은 뒷면에 있습니다.

상담을 원하시거나 아이가 컴퓨터 수업에 참석할 수 없는 경우에 아래 연락처로 미리 연락주시기 바랍니다.

★컴퓨터 선생님 성함 : _____   ★내 자리 번호 : _____

★컴퓨터 교실 전화번호 : _____

★나의 컴교실 시간표   요일 : _____   시간 : _____

※ 학생들이 컴퓨터실에 올 때는 컴퓨터 교재와 필기도구를 꼭 챙겨서 올 수 있도록 해 주시고, 인형, 딱지, 휴대폰 등은 컴퓨터 시간에 꺼내지 않도록 지도 바랍니다.

시간표 및 출석 확인란입니다. 꼭 확인하셔서 결석이나 지각이 없도록 협조 바랍니다.

_____ 월

월	화	수	목	금

시간표 및 출석 확인란입니다. 꼭 확인하셔서 결석이나 지각이 없도록 협조 바랍니다.

_____ 월

월	화	수	목	금

시간표 및 출석 확인란입니다. 꼭 확인하셔서 결석이나 지각이 없도록 협조 바랍니다.

_____ 월

월	화	수	목	금

나의 타자 단계

이름 : _____

⭐ 오타 수가 5개를 넘지 않는 친구는 선생님께 확인을 받은 후 다음 단계로 넘어가서 연습합니다.

자리 연습	1단계	2단계	3단계	4단계	5단계	6단계	7단계	8단계
보고하기								
안보고하기								

낱말 연습	1단계	2단계	3단계	4단계	5단계	6단계	7단계	8단계
보고하기								
안보고하기								

자리연습	1번 연습	2번 연습	3번 연습	4번 연습	5번 연습	6번 연습	7번 연습	8번 연습
10개 이상								
20개 이상								
30개 이상								

이 책의 순서

컴퓨터와 탐험하기

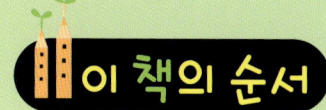

- **01** 인터넷(마이크로소프트 엣지) 시작하기 ········ 6
- **02** 인터넷 정보 활용하기 ········ 10
- **03** 웹 브라우저 탭 알아보기 ········ 14
- **04** 압축과 바이러스 검사하기 ········ 19
- **05** 구글어스로 세계 여행하기 ········ 23
- **06** 인터넷 여행기 ········ 27
- **07** 동화 속 주인공되기 ········ 31
- **08** 지도 길잡이 ········ 37
- **09** 날씨를 알려주는 기상 캐스터 ········ 42
- **10** 인터넷 시사 박사 ········ 47
- **11** 내가 사는 지역의 상징물 ········ 52
- **12** 나의 진로 찾아보기 ········ 57
- **13** 민속 박물관 탐방하기 ········ 62
- **14** 우리나라 지도 여행 ········ 66
- **15** 인터넷 사전 활용하기 ········ 71
- **16** 개인정보보호와 스마트폰 과의존 알아보기 ········ 76
- 솜씨 어때요? ········ 81

01 인터넷(마이크로소프트 엣지) 시작하기

학습목표

- 인터넷 시작 페이지를 변경해요.
- 자주 가는 사이트를 즐겨찾기에 추가해요.

미션 1 표준 도구에 대해 알아보아요.

① [시작(▦)]-[모든 앱]-[Microsoft Edge]를 클릭하거나 바탕화면의 [Microsoft Edge] 아이콘()을 더블클릭하여 마이크로소프트 엣지 브라우저를 실행한 후 화면 구성을 살펴봅니다.

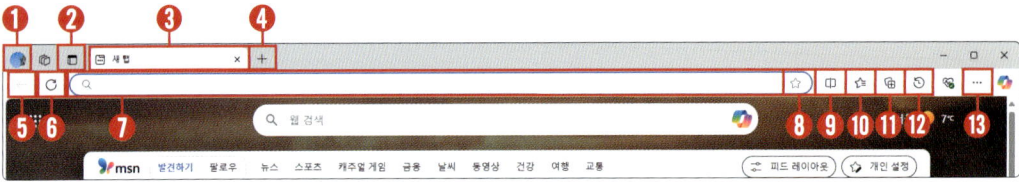

❶ **프로필** : 현재 마이크로소프트 엣지 브라우저에 로그인된 계정의 프로필이 표시됩니다.
❷ **탭 작업 메뉴** : 탭의 위치를 가로 또는 세로로 변경하고 검색 기록을 확인하며, 열려 있는 탭을 컬렉션에 추가할 수 있습니다.
❸ **제목 표시줄** : 접속된 사이트의 제목이 표시됩니다.
❹ **새 탭** : 새로운 탭을 추가할 수 있습니다.
❺ **뒤로/앞으로** : 현재 보고 있는 사이트의 이전 페이지 또는 다음 페이지로 이동할 수 있습니다.
❻ **새로 고침** : 현재 페이지를 새로 고침하여 다시 접속할 수 있습니다.
❼ **주소 표시줄** : 현재 보고 있는 사이트의 주소가 표시됩니다.
❽ **이 페이지를 즐겨찾기에 추가** : 현재 열려 있는 사이트를 즐겨찾기에 추가할 수 있습니다.
❾ **분할 화면** : 하나의 브라우저 창에 2개 사이트의 화면을 띄워 놓을 수 있습니다.
❿ **즐겨찾기** : 즐겨찾기 목록을 확인할 수 있습니다.
⓫ **컬렉션** : 스크랩과 유사한 기능으로, 온라인에서 찾은 콘텐츠를 저장하고 공유할 수 있습니다.
⓬ **기록** : 최근에 접속했던 페이지의 목록이 표시됩니다.
⓭ **설정 및 기타** : 마이크로소프트 엣지의 다양한 기능을 설정하고 추가할 수 있습니다.

 **시작 페이지를 설정해 보아요.**

❶ '쥬니어네이버(jr.naver.com)' 홈페이지에 접속한 후 [설정 및 기타(...)]-[설정(⚙)]을 클릭합니다.

❷ [설정] 페이지가 열리면 [시작, 홈 및 새 탭 페이지]를 클릭한 후 [Edge가 시작되는 경우]-[다음 페이지를 열 수 있습니다.]-[새 페이지 추가]를 클릭하여 쥬니어네이버의 홈페이지 주소를 입력하고 [추가] 단추를 클릭합니다.

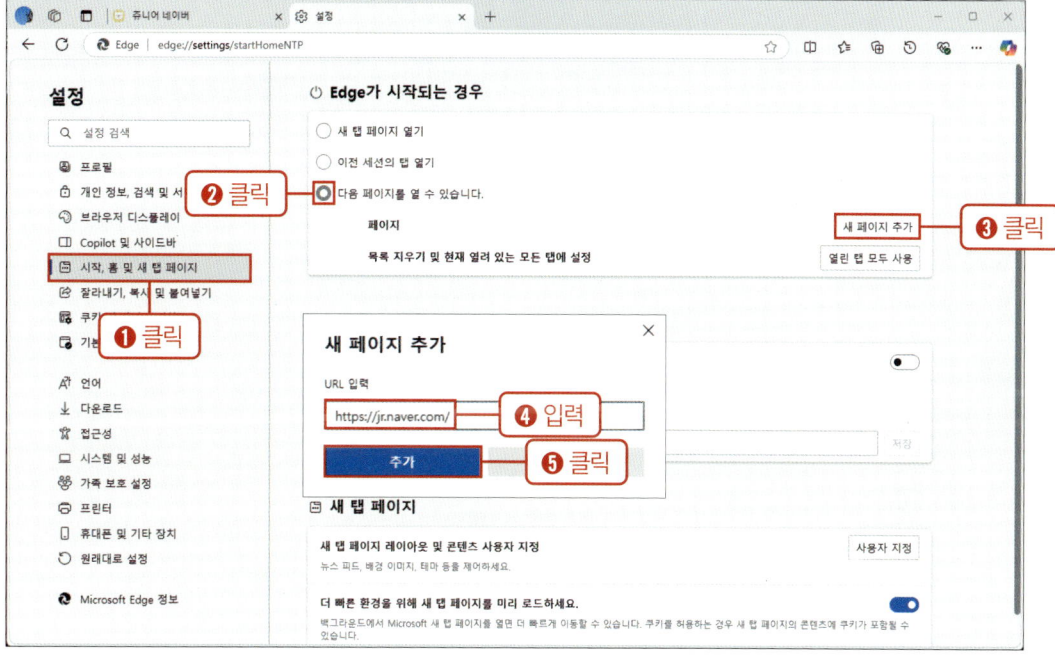

❸ 인터넷 창을 닫은 후 다시 실행하여 시작 페이지가 '쥬니어네이버'로 바뀌었는지 확인합니다.

미션 3 자주 가는 사이트를 즐겨찾기에 등록해 보아요.

❶ '쥬니어네이버' 홈페이지에 접속한 후 [이 페이지를 즐겨찾기에 추가(☆)]를 클릭합니다. [즐겨찾기 추가됨] 대화상자가 나타나면 이름과 폴더를 지정하고 [완료] 단추를 클릭합니다.

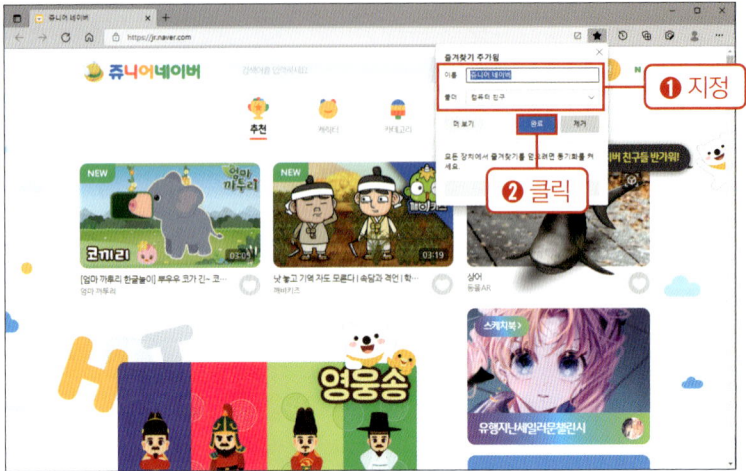

❷ [설정 및 기타(⋯)]-[즐겨찾기]를 클릭하여 즐겨찾기 목록에 '쥬니어네이버' 사이트가 추가되었는지 확인해 봅니다.

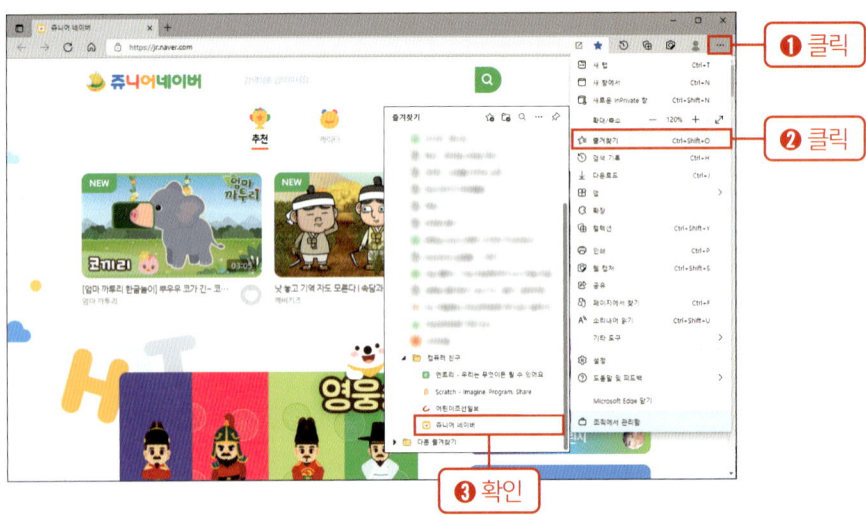

❸ 같은 방법으로 다음 웹 페이지를 [컴퓨터 친구] 폴더에 추가해 봅니다.

- 국립어린이청소년도서관 : https://www.nlcy.go.kr
- 야후 꾸러기 놀이터 : http://www.yahookids.pe.kr
- 어린이 정부포털 : https://kids.gov.kr

01 혼자 할 수 있어요!

01 '엔트리(https://playentry.org)' 홈페이지를 인터넷 시작 페이지로 지정해 보세요.

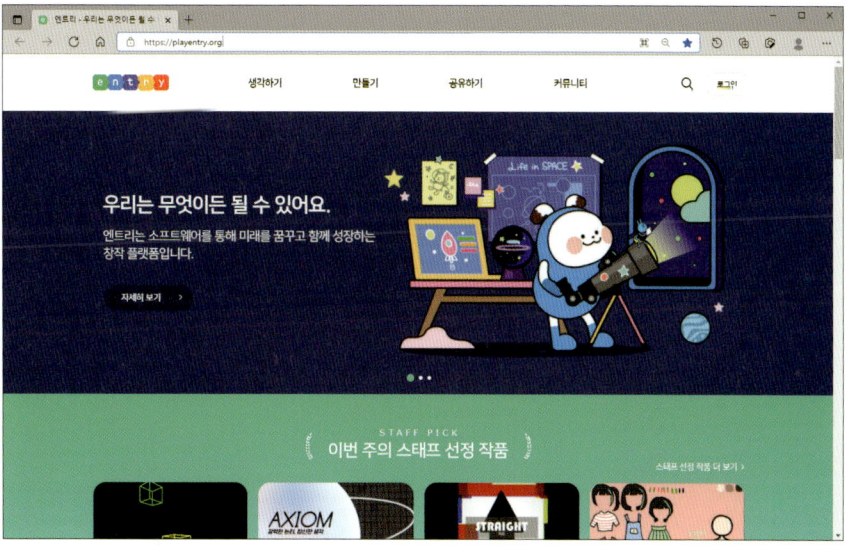

02 다음 사이트들을 [캐릭터 쇼핑몰] 폴더에 즐겨찾기로 등록해 보세요.

- 카카오 프렌즈샵 : https://store.kakaofriends.com
- 라인 프렌즈스토어 : https://brand.naver.com/linefriends

02 인터넷 정보 활용하기

학습목표
- 인터넷에서 정보를 검색해요.
- 검색한 정보를 복사하고 붙여 넣어요.

▶ 예제 파일 : 판다.png, 토끼.png

미션 1 검색한 정보를 워드패드에 붙여 넣어 보아요.

 '네이버' 홈페이지에 접속하여 '판다'를 검색한 후 [지식백과] 카테고리의 검색 결과 중 하나를 선택합니다.

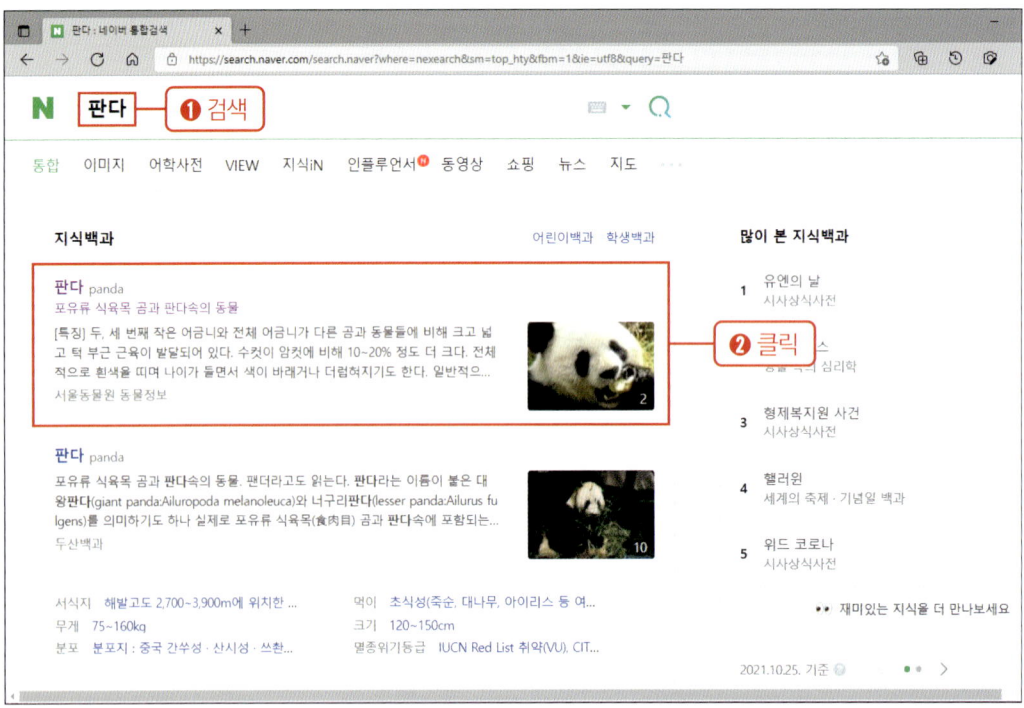

❷ 복사하고 싶은 내용을 마우스로 드래그하여 영역 지정한 후 마우스 오른쪽 단추를 클릭하고 [복사]를 클릭합니다.

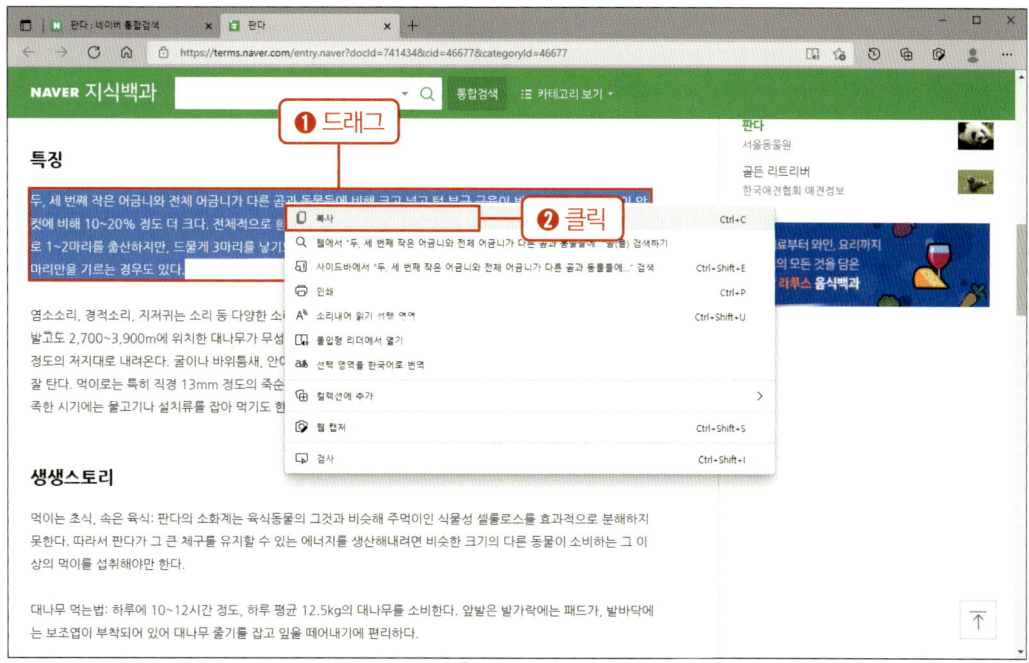

❸ [시작(⊞)]-[보조프로그램]-[워드패드]를 클릭하여 [워드패드]가 실행되면 그림과 같이 내용을 입력하고 서식을 지정합니다.

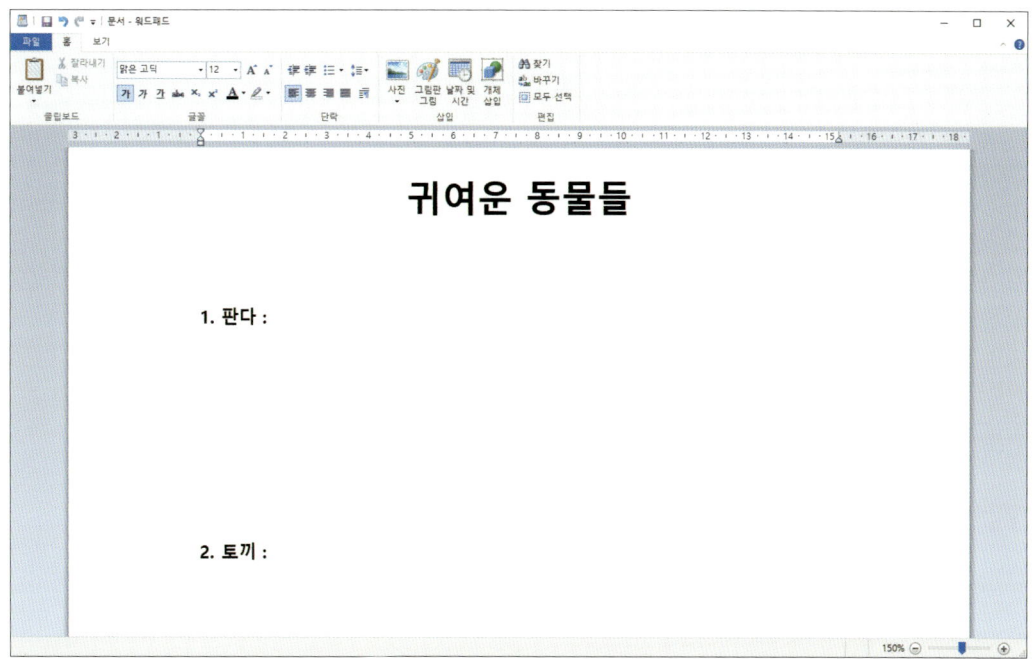

❹ 복사한 내용을 붙여 넣고 싶은 곳을 마우스로 클릭한 후 마우스 오른쪽 단추를 클릭하고 [붙여넣기]를 클릭하여 결과를 확인합니다.

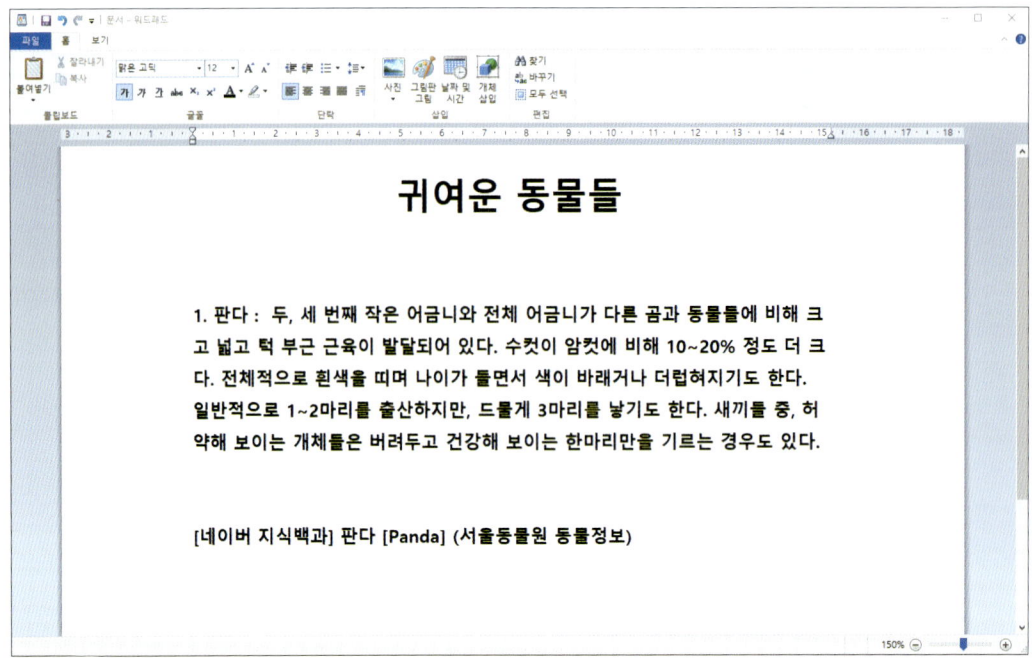

❺ 같은 방법으로 '토끼'에 대한 내용도 검색하여 복사한 후 붙여 넣습니다. 이어서 [사진(🖼)]을 클릭하여 그림을 삽입한 후 서식을 지정하여 문서를 완성해 봅니다.

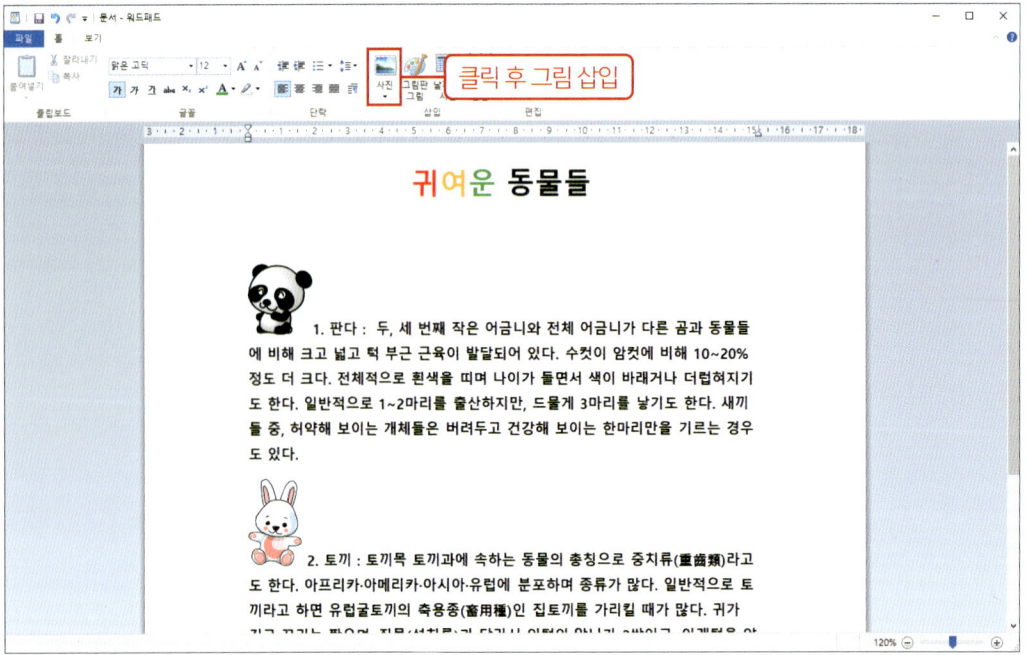

02 혼자 할 수 있어요!

• 예제 파일 : 녹차.jpg, 몰티즈.jpg, 푸들.jpg

01 인터넷에서 '녹차'를 검색한 후 내용을 복사하고 [워드패드] 프로그램에 붙여넣기 하여 그림과 같은 문서를 완성해 보세요.

02 인터넷에서 '몰티즈'와 '푸들'을 검색한 후 내용을 복사하고 [워드패드] 프로그램에 붙여넣기 하여 그림과 같은 문서를 완성해 보세요.

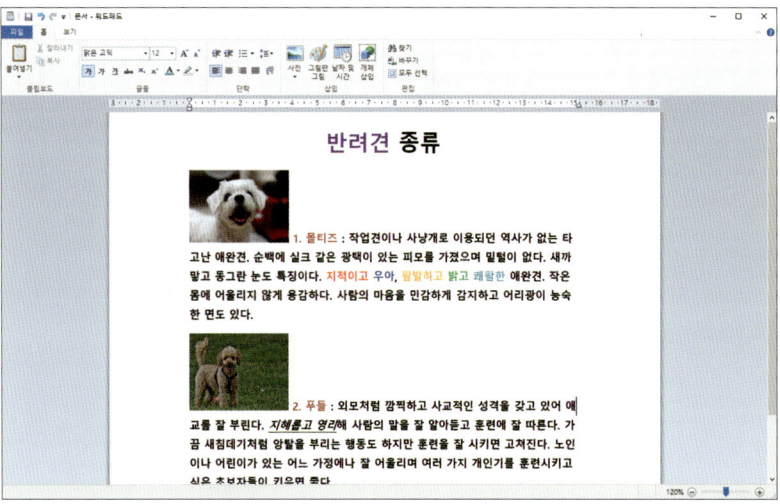

03 웹 브라우저 탭 알아보기

학습목표
- 다양한 탭의 기능에 대해 알아보아요.
- 여러 탭에 홈페이지를 연결해요.

미션 1 탭의 기능에 대해 알아보아요.

 [마이크로소프트 엣지]를 실행하여 '네이버' 홈페이지에 접속한 후 새로운 탭을 만들기 위해 [새 탭(+)] 단추를 클릭합니다.

② 새로운 탭이 열린 모습을 확인합니다.

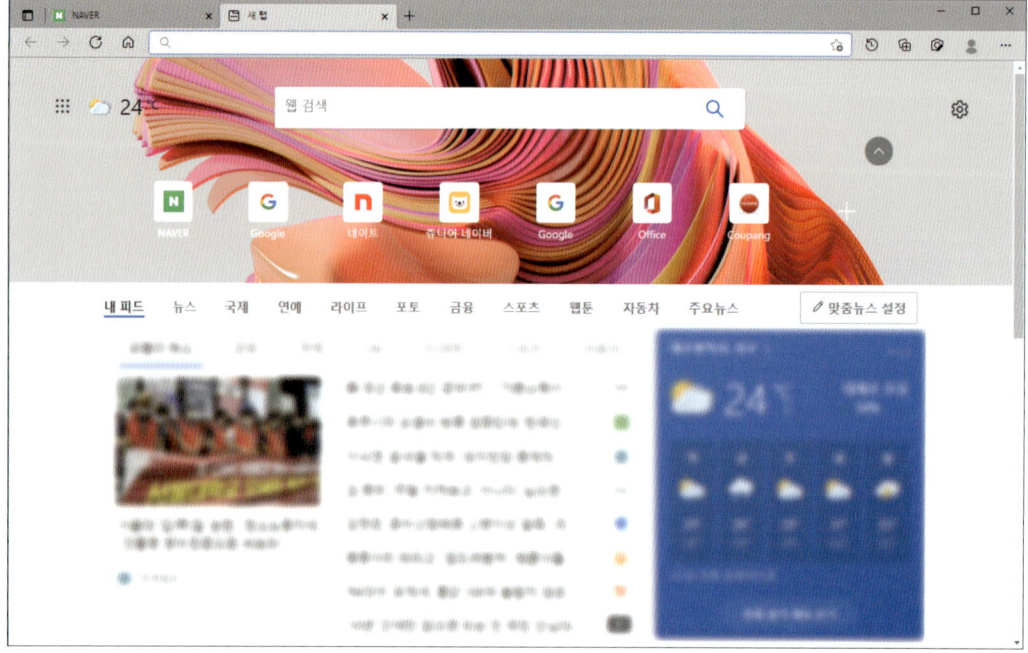

❸ 새로운 탭에서 '쥬니어네이버(jr.naver.com)' 홈페이지에 접속합니다.

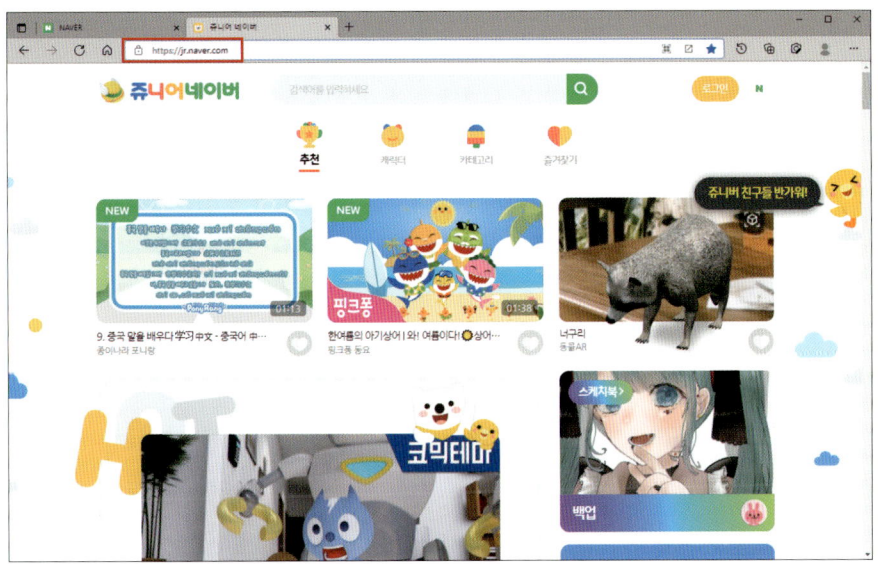

❹ 이전에 열었던 탭을 마우스로 선택하면 '네이버' 홈페이지를 선택할 수 있고, 2개의 인터넷 창을 번갈아 가며 사용할 수 있습니다.

❺ 열려 있는 탭 위에서 마우스 오른쪽 단추를 클릭하고 [탭 복제]를 선택하여 복제되었던 탭과 같은 페이지가 열리는 것을 확인합니다.

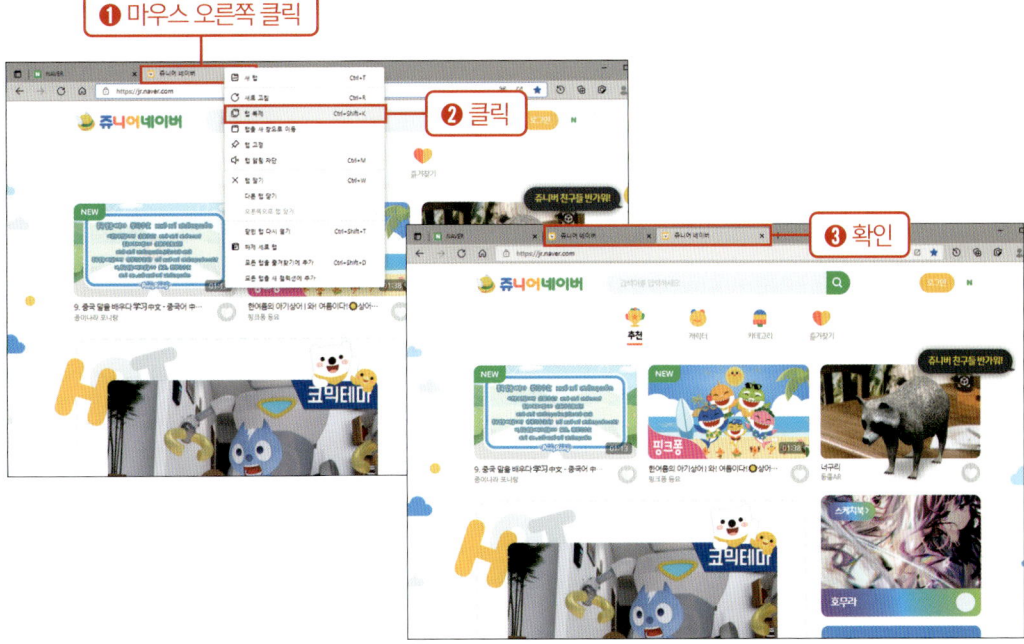

 **미션 2** 여러 탭을 열어 홈페이지를 연결해 보아요.

① 새로운 [마이크로소프트 엣지]를 실행한 후 '네이버(www.naver.com)', '다음(www.daum.net)', '구글(www.google.com)'을 방문하여 3개의 탭을 만듭니다.

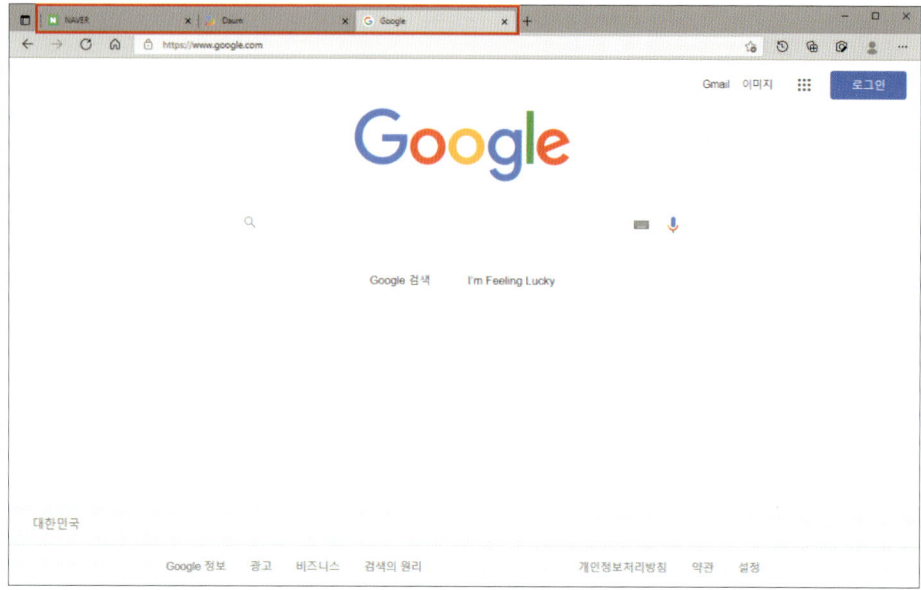

② 열려 있는 탭 중 '네이버' 탭을 마우스로 클릭한 상태로 '구글' 탭의 오른쪽으로 드래그하여 이동시킵니다.

❸ [탭 닫기]를 클릭하거나 마우스 휠로 탭을 클릭하여 탭을 닫습니다.

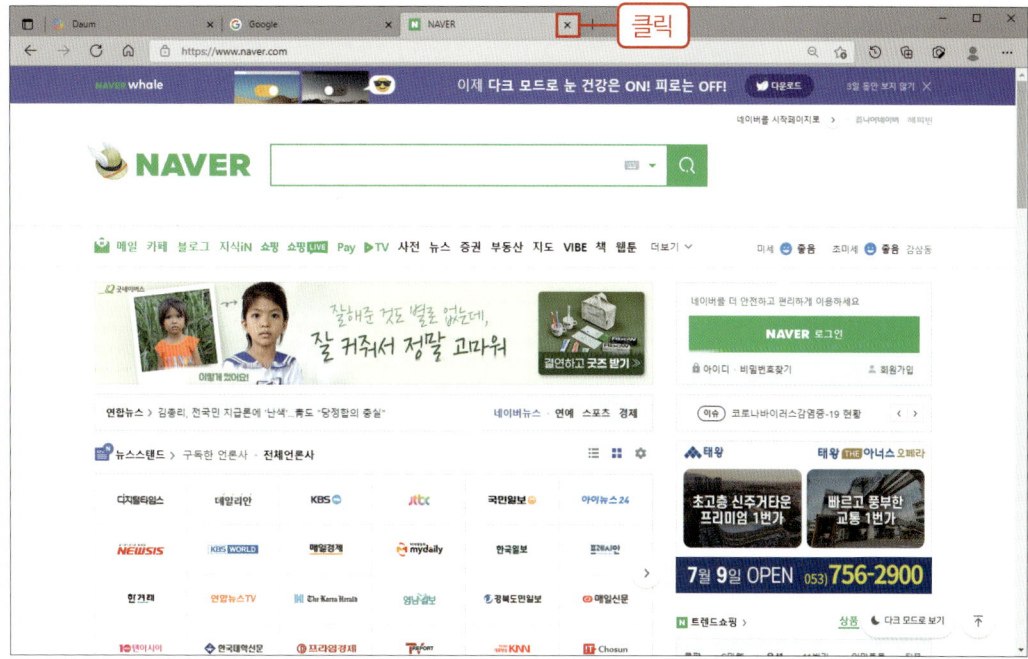

❹ [마이크로소프트 엣지] 창의 [닫기(X)] 단추를 클릭하여 모든 탭을 종료합니다.

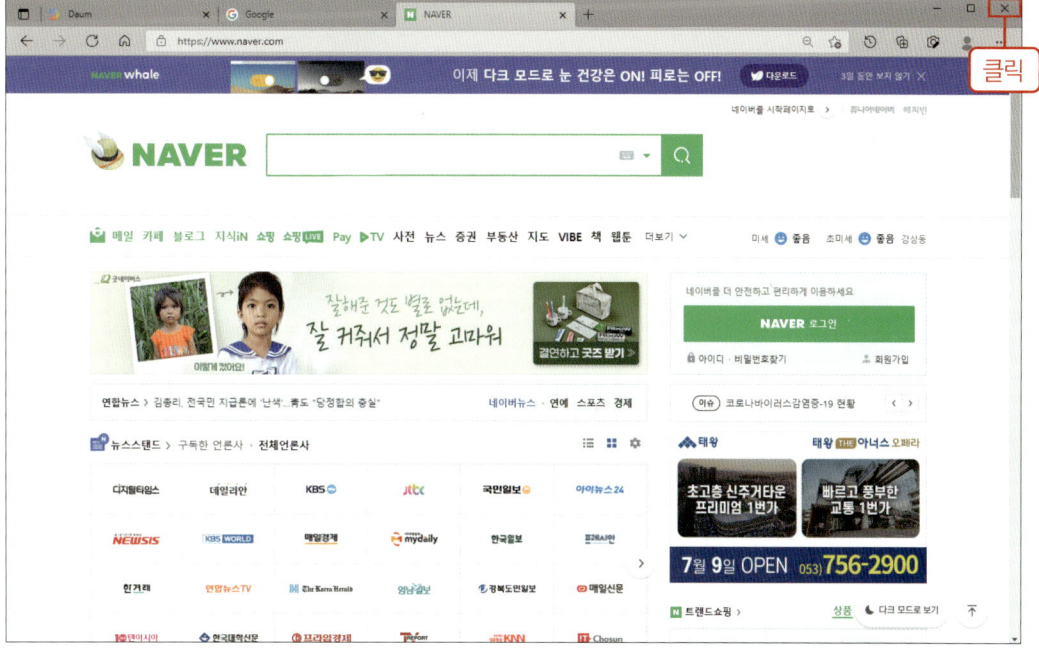

03 혼자 할 수 있어요!

01 [마이크로소프트 엣지]를 실행한 후 '감사원 어린이 청소년', '어린이 법제처', '보건복지부 어린이', '외교부 조직외교부 어린이·청소년' 홈페이지를 그림과 같은 순서로 정렬해 보세요.

- 감사원 어린이 청소년 : https://www.bai.go.kr/child/
- 어린이 법제처 : https://moleg.go.kr/child/
- 보건복지부 어린이 : https://www.mohw.go.kr/kids/index.jsp
- 외교부 조직외교부 어린이·청소년 : https://mofa.go.kr/teenager/wpge/m_5901/contents.do

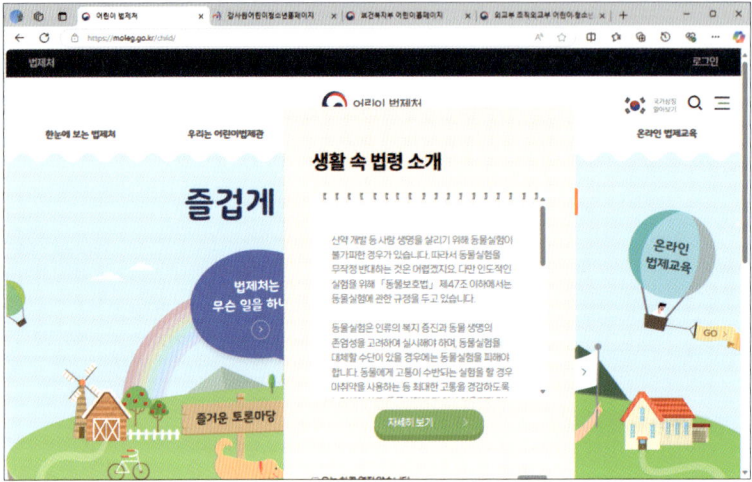

02 '외교부 조직외교부 어린이·청소년' 탭을 닫아 보세요.

04 압축과 바이러스 검사하기

- 압축 프로그램을 다운로드 받아 설치해요.
- 바이러스 치료 프로그램을 설치하고 검사해요.

▶ 설치 파일 : V3Lite_Setup.exe

미션 1 알집 프로그램을 다운로드 받아 설치해 보아요.

1 '네이버' 홈페이지에서 '알집'을 검색하거나 주소 표시줄에 'https://altools.co.kr/product/ALZIP'를 입력하여 홈페이지에 접속한 후 [다운로드] 단추를 클릭하여 바탕화면에 저장합니다.

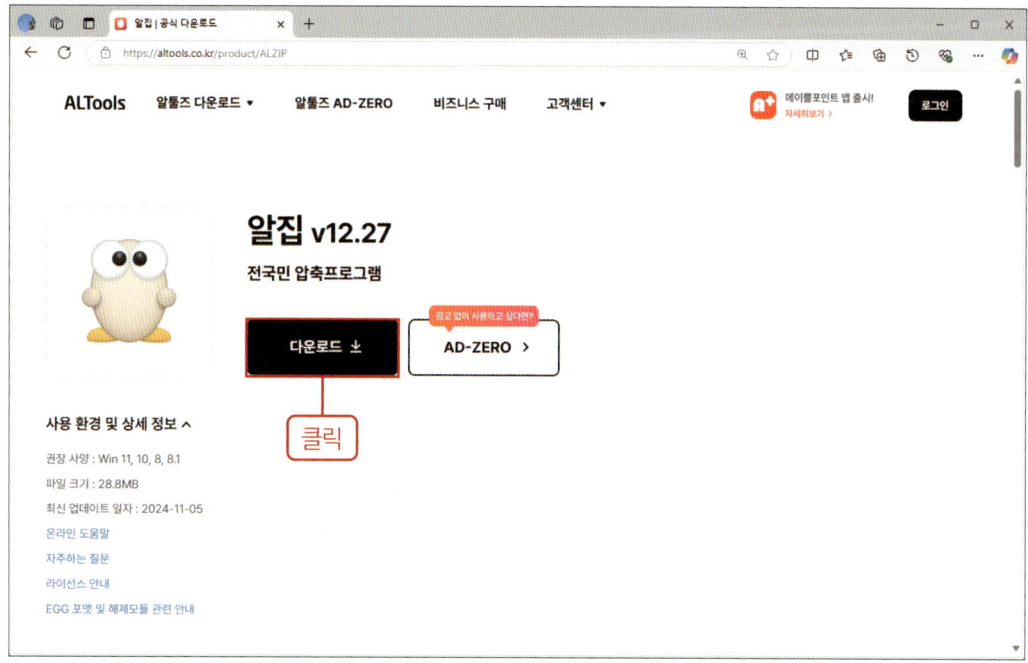

Tip 압축은 다 마신 음료수 캔을 발로 꾹 눌러서 납작하게 부피를 줄이는 것처럼 용량이 크고 많은 파일을 하나의 파일로 합쳐 압축하여 용량을 줄이고 간편하게 관리할 수 있는 기능이에요.

② 바탕화면의 '알집' 설치 파일을 더블클릭하고 설치 마법사에서 [다음] 단추를 클릭하여 설치가 완료되면 '알집' 아이콘이 생깁니다.

③ '사진' 폴더를 연 후 '남해1' 파일을 선택하고 Shift 를 누른 상태로 '남해6' 파일을 선택하여 6개의 파일이 선택되면 마우스 오른쪽 단추를 클릭하여 [알집으로 압축하기]를 클릭합니다.

④ [새로압축] 대화상자가 나타나면 압축 폴더의 이름을 지정하고 [압축] 단추를 클릭하여 파일이 압축된 결과를 확인합니다.

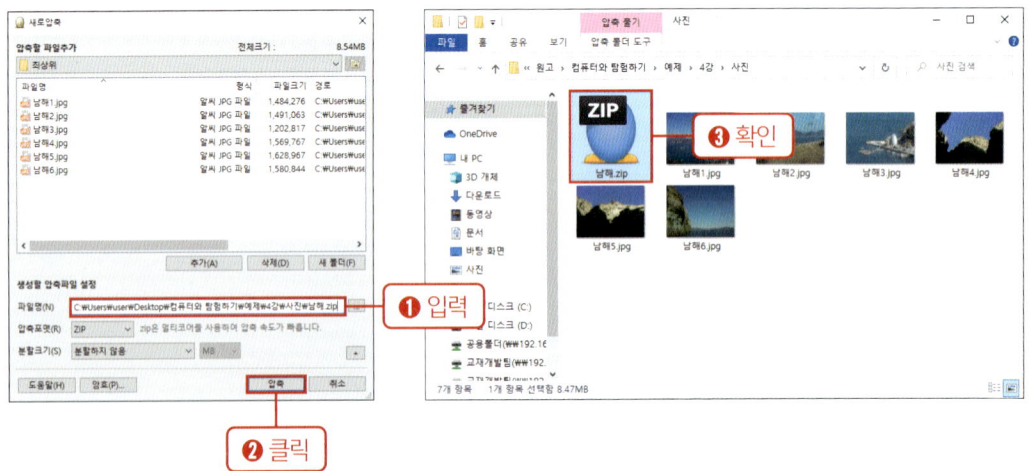

⑤ '남해.zip' 파일을 더블클릭하고 [압축풀기]를 클릭하여 압축을 해제시켜 봅니다.

 **미션 2** **V3 프로그램을 설치하고 검사해 보아요.**

① 'V3Lite_Setup.exe' 파일을 더블클릭한 후 설치 마법사를 이용하여 프로그램을 설치합니다.

② 'V3 Lite'가 설치되면 프로그램을 실행한 후 [빠른 검사]를 클릭하여 검사를 진행하고 바이러스에 감염되었다면 [치료하기]를 클릭하여 바이러스를 치료합니다.

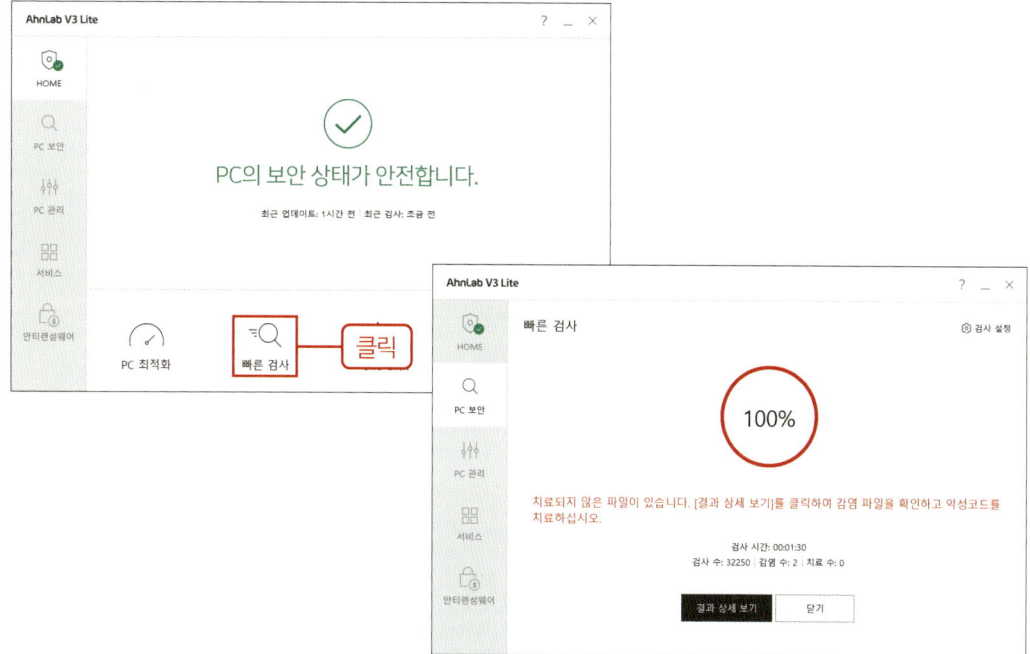

  혼자 할 수 있어요!

• 설치 파일 : GOMPLAYERSETUP.EXE

01 'GOMPLAYERSETUP.EXE' 파일을 더블클릭하여 [곰플레이어] 프로그램을 설치해 보세요.

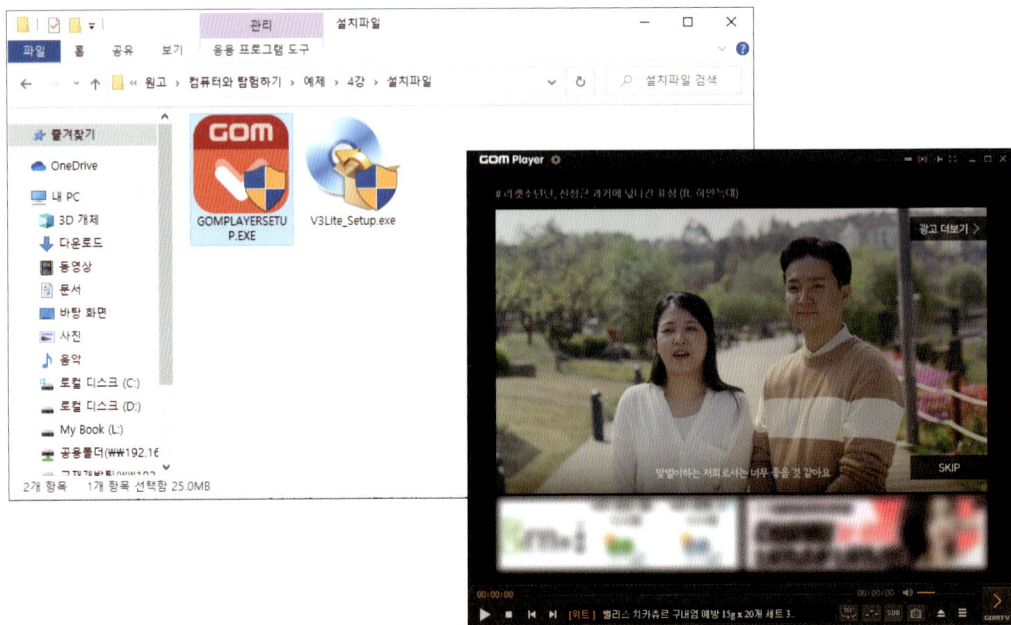

02 [설치파일] 폴더의 모든 파일을 [알집] 프로그램을 이용하여 '설치파일.zip'으로 압축해 보세요.

05 구글어스로 세계 여행하기

- 구글어스로 지도를 검색해요.
- 달과 별자리를 검색해요.

▶ 설치 파일 : GoogleEarthSetup.exe

미션 1   구글어스로 지도를 검색해 보아요.

① 'GoogleEarthSetup.exe' 파일을 더블클릭하여 설치한 후 구글어스 프로그램을 실행합니다.

② 검색창에 '에펠탑'을 입력하여 나타나는 검색어들 중 프랑스 파리에 위치한 랜드마크인 에펠탑을 선택한 후 [검색] 단추를 클릭합니다.

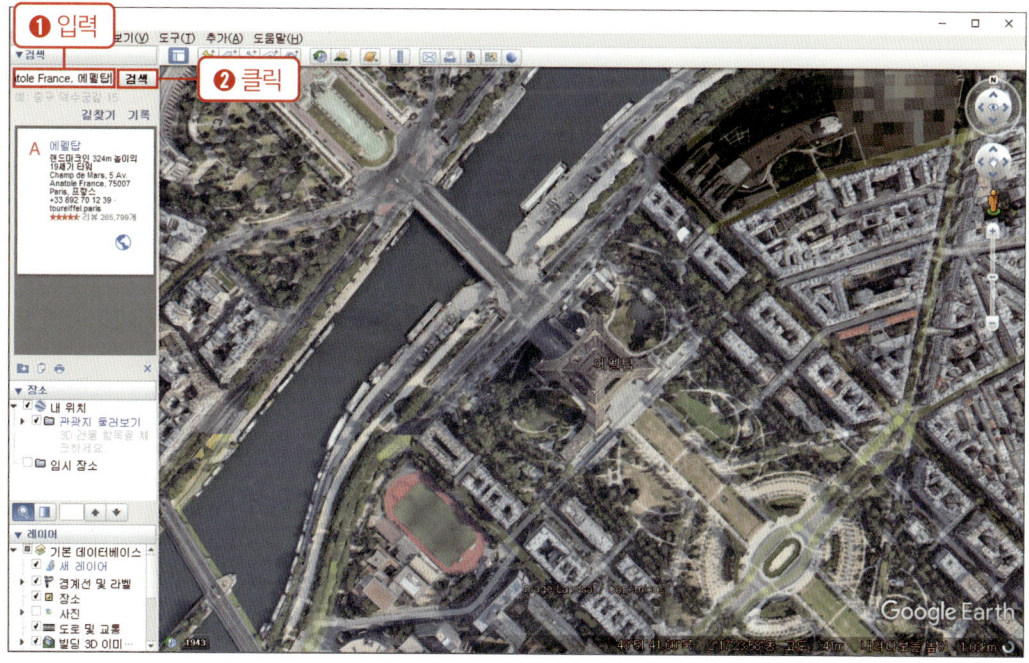

❸ 화면 오른쪽 상단에 마우스 포인터를 가져다 대면 나타나는 내비게이션을 이용하여 화면을 크게 확대하거나 이동해 봅니다.

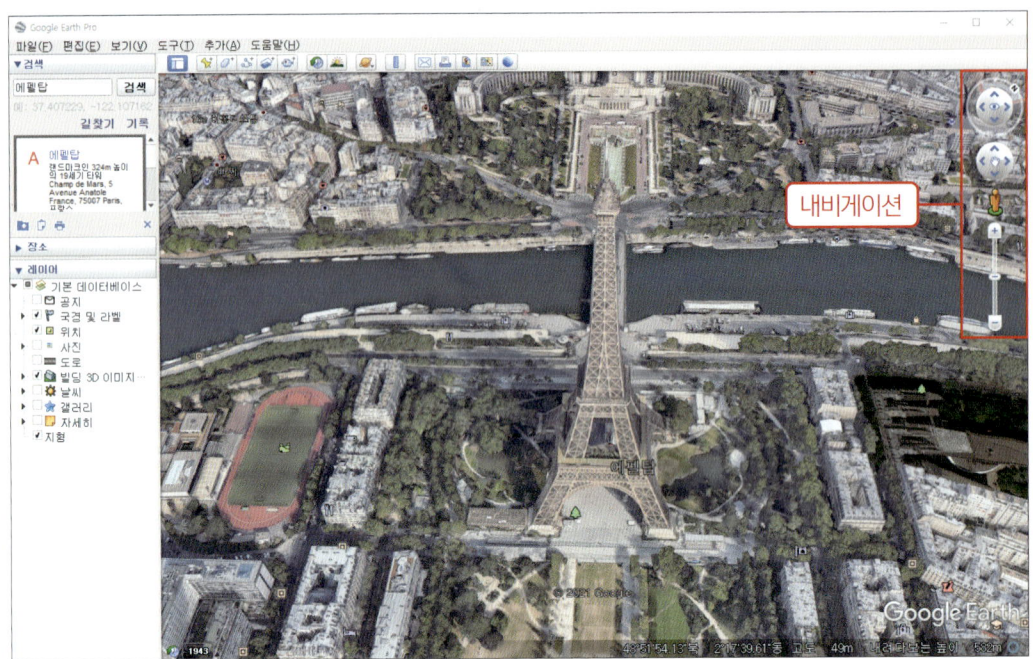

❹ 같은 방법으로 '남산타워'를 검색하고 결과를 확인합니다.

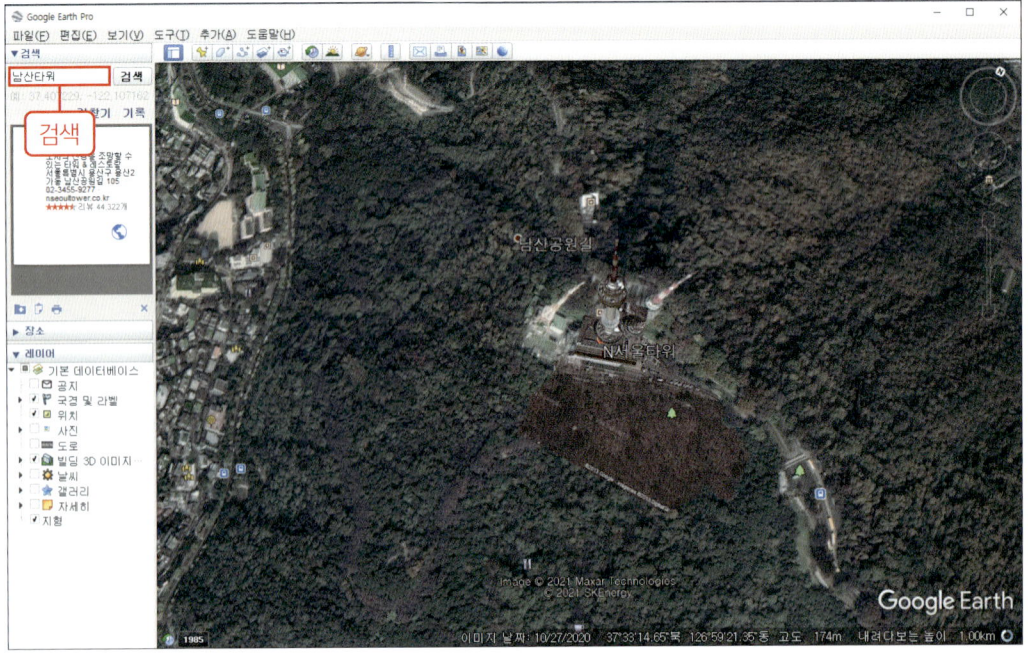

미션 2 구글어스로 달과 별자리를 검색해 보아요.

1 [다른 서비스()] 아이콘을 클릭하고 '달'을 클릭하여 달이 나타나면 화면을 조절해 봅니다.

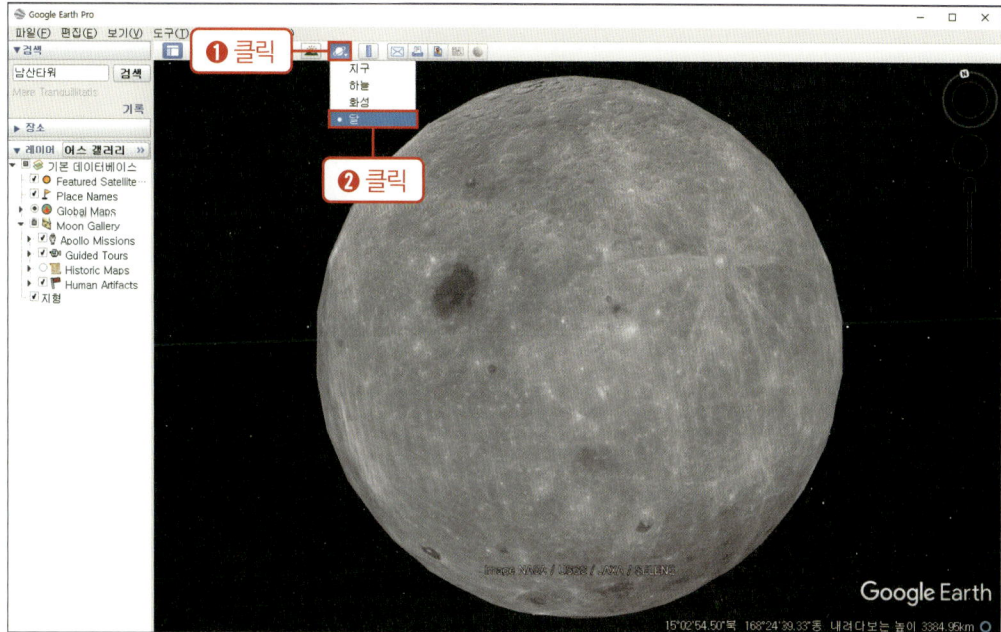

2 [다른 서비스()]의 '하늘'을 클릭하여 자신의 탄생 별자리를 찾아봅니다.

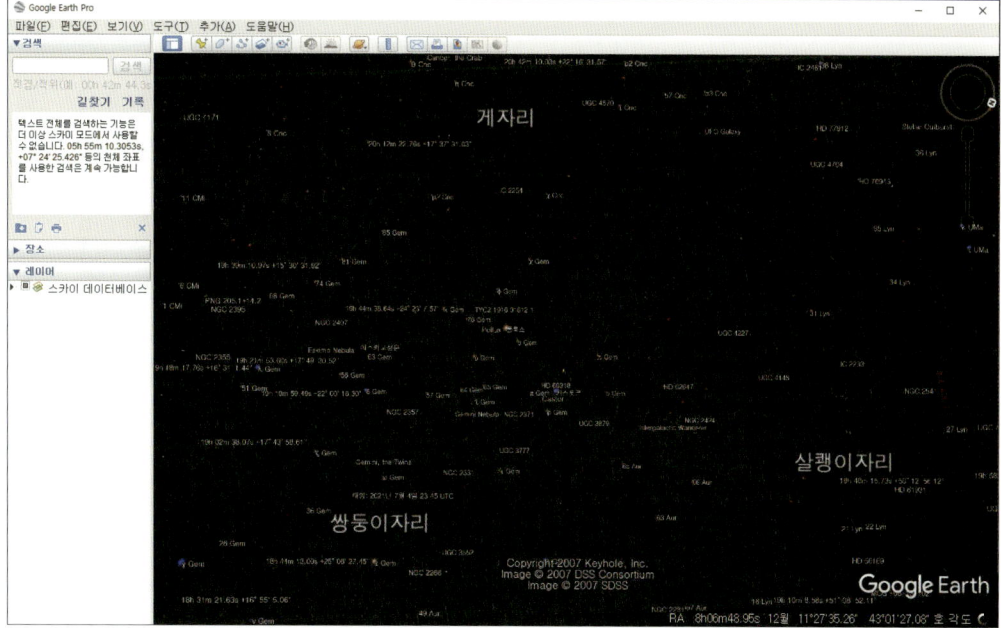

혼자 할 수 있어요!

01 '경복궁'에 대한 지도를 검색하여 확인해 보세요.

02 '달'에 대한 정보를 검색하여 확인해 보세요.

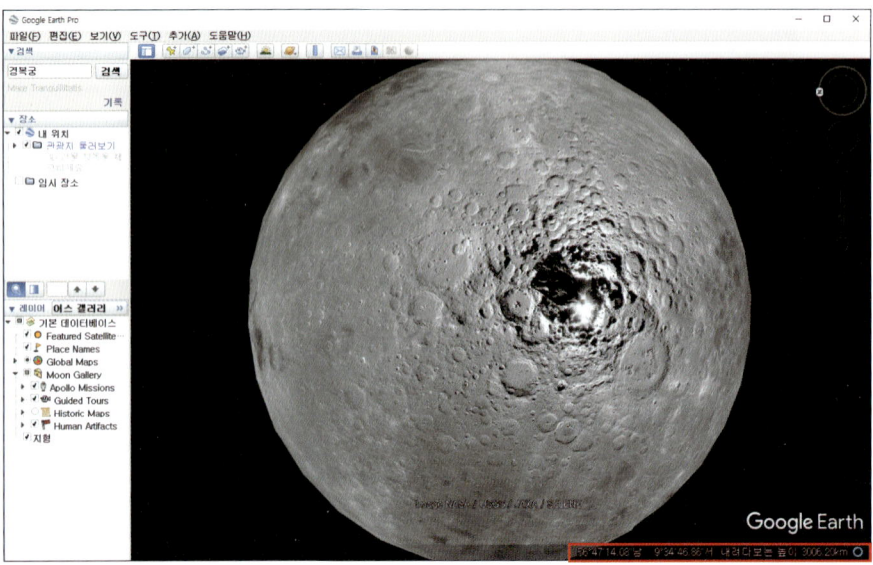

06 인터넷 여행기

- 헌법재판소의 역할에 대해 알아보아요.
- 어린이 환경과 건강에 대해 알아보아요.

 **헌법재판소의 역할에 대해 알아보아요.**

① '네이버' 홈페이지에서 '어린이 헌법재판소'를 검색하거나 주소 표시줄에 'kids.ccourt.go.kr'을 입력하여 '어린이 헌법재판소' 홈페이지에 접속합니다.

② 오른쪽 상단의 [메뉴(≡)] 단추를 클릭한 후 [재미있게 배워요 헌법과 헌법재판]-[동화]를 클릭하여 헌법과 관련된 내용을 동화로 쉽고 재미있게 학습해 봅니다.

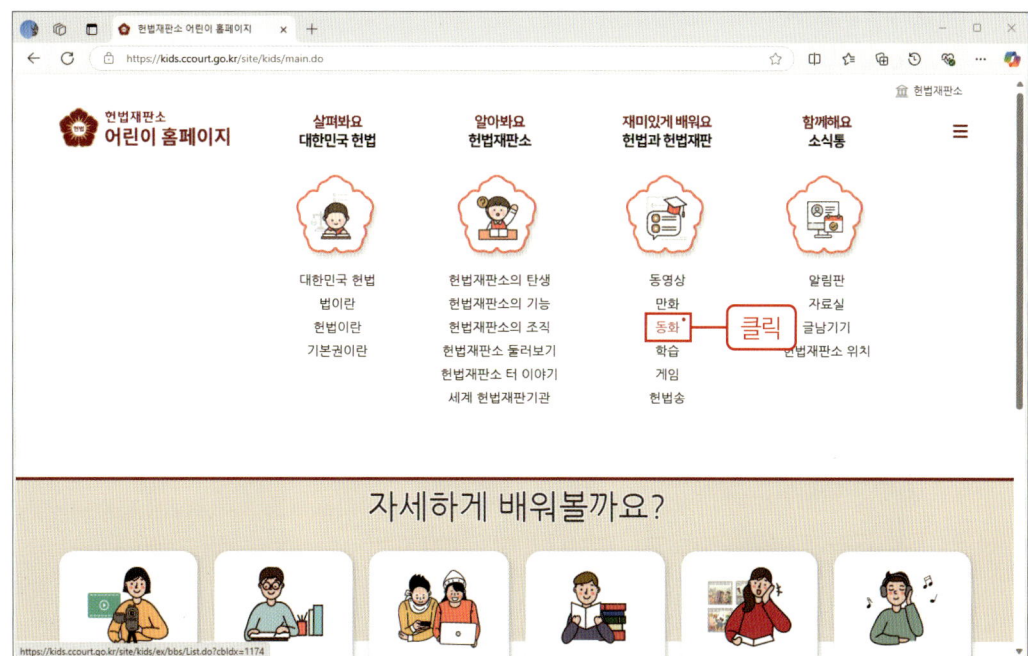

❸ [게임]을 클릭하여 헌법재판소에 관한 다양한 게임을 즐겨 봅니다.

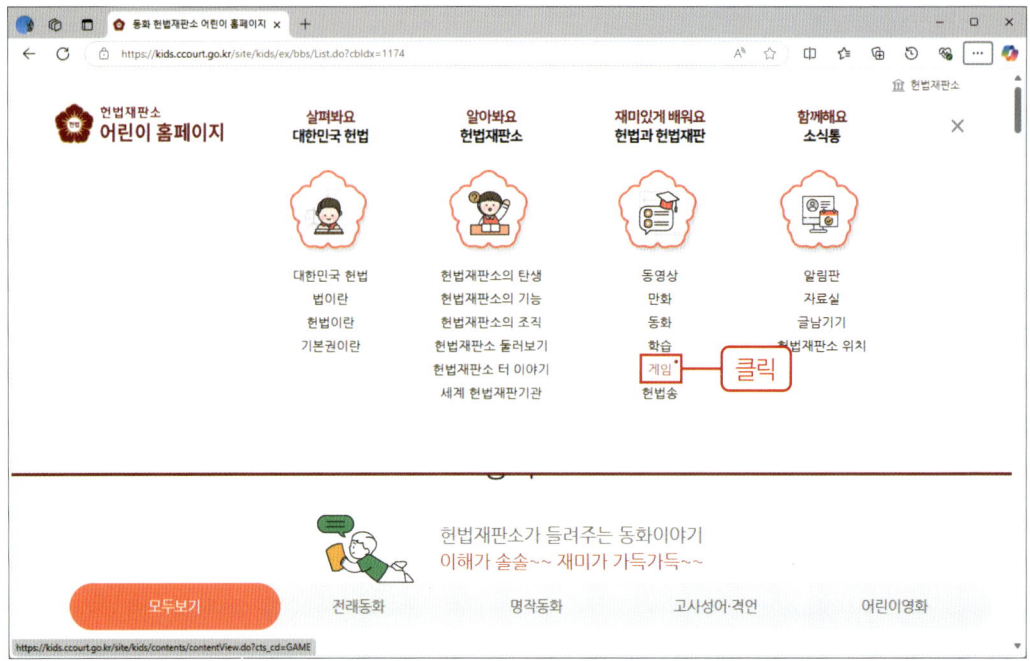

❹ [알아봐요 헌법재판소]-[헌법재판소 둘러보기]를 클릭한 후 [사이버 투어]를 클릭하여 헌법재판소를 사이버상으로 관람해 봅니다.

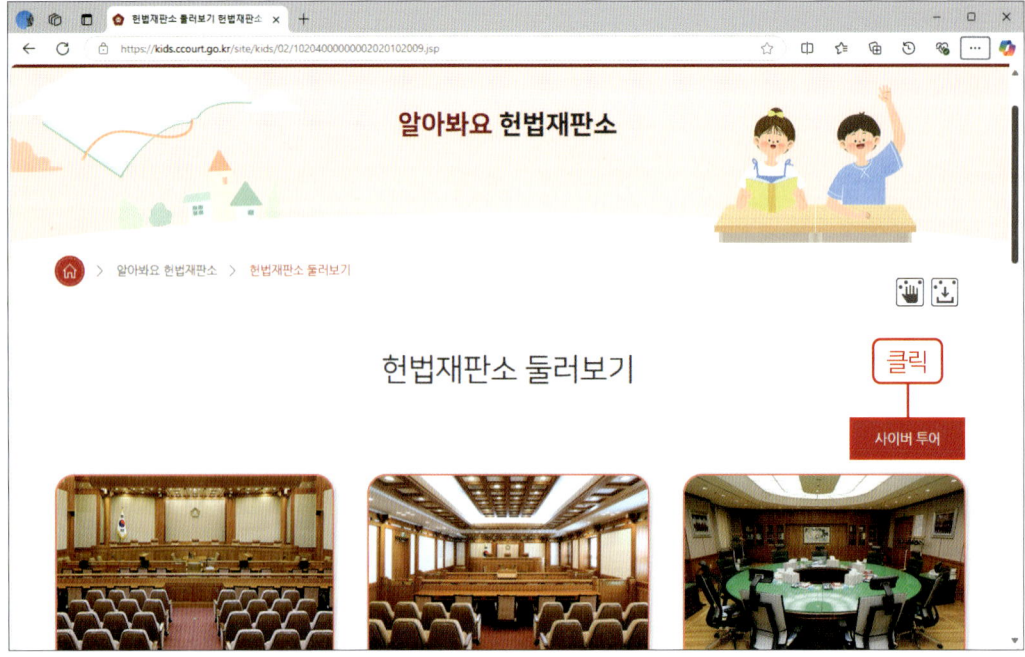

 **미션 2** 어린이 환경과 건강에 대해 알아보아요.

① '네이버' 홈페이지에서 '케미스토리 환경보건교육 온라인 학습터'를 검색하거나 주소 표시줄에 'https://www.eco-playground.kr/chemistory/528'을 입력하여 '케미스토리' 홈페이지에 접속합니다.

② 메인 화면에서 [게임]-[환경유해인자 예방 퍼즐맞추기]를 클릭하여 퍼즐맞추기 게임을 진행해 봅니다.

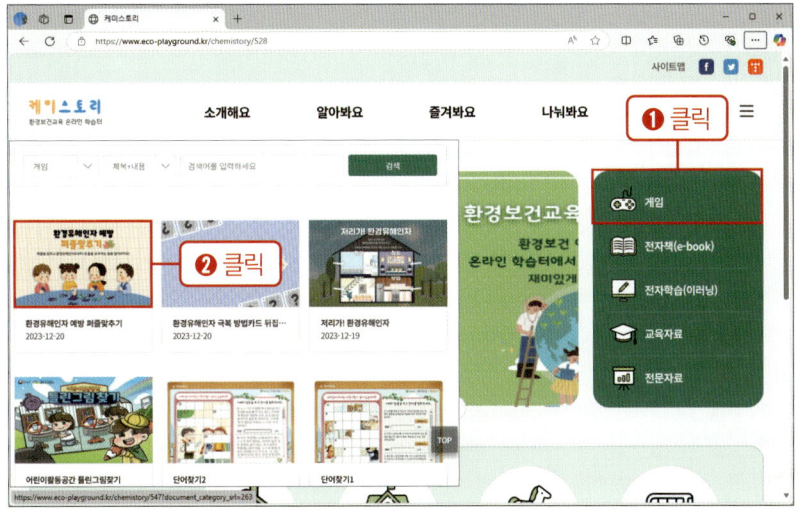

③ 상단 메뉴의 [알아봐요]-[생활 속 환경유해인자]를 클릭하여 다양한 공간에서 발견할 수 있는 유해물질을 알아봅니다.

06 혼자 할 수 있어요!

01 '어린이안전넷' 홈페이지에 접속하여 '어린이 안전넷'이란 무엇인지 알아보고 [안전배움터]-[어린이교실]-[놀이안전]-[놀이터]를 확인해 보세요.

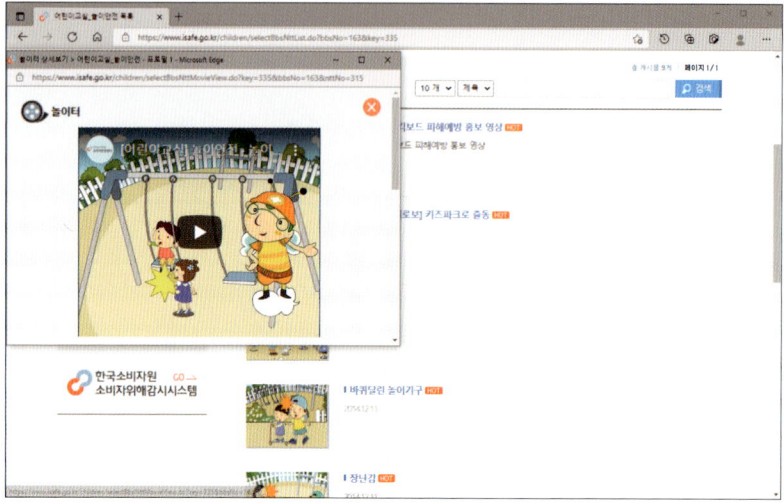

한국소비자원 어린이안전넷 : https://www.isafe.go.kr

02 '기획재정부 어린이 경제교실' 홈페이지에 접속하여 '기획재정부'의 역할을 알아보고 [경제야 놀자!]를 클릭하여 다양한 경제학자들과 경제의 핵심개념을 확인해 보세요.

기획재정부 어린이 경제교실 : https://kids.moef.go.kr

07 동화 속 주인공되기

학 습 목 표

- 동화를 감상하고 알파벳 게임을 해요.
- 터치팡팡 메뉴에서 마우스 연습을 해요.

미션1 동화를 감상하고 알파벳 게임을 해보아요.

① '네이버' 홈페이지에서 '쥬니어네이버'를 검색하거나 주소 표시줄에 'jr.naver.com'을 입력하여 '쥬니어네이버' 홈페이지에 접속합니다.

② [카테고리]-[동화]-[이솝우화]를 클릭합니다.

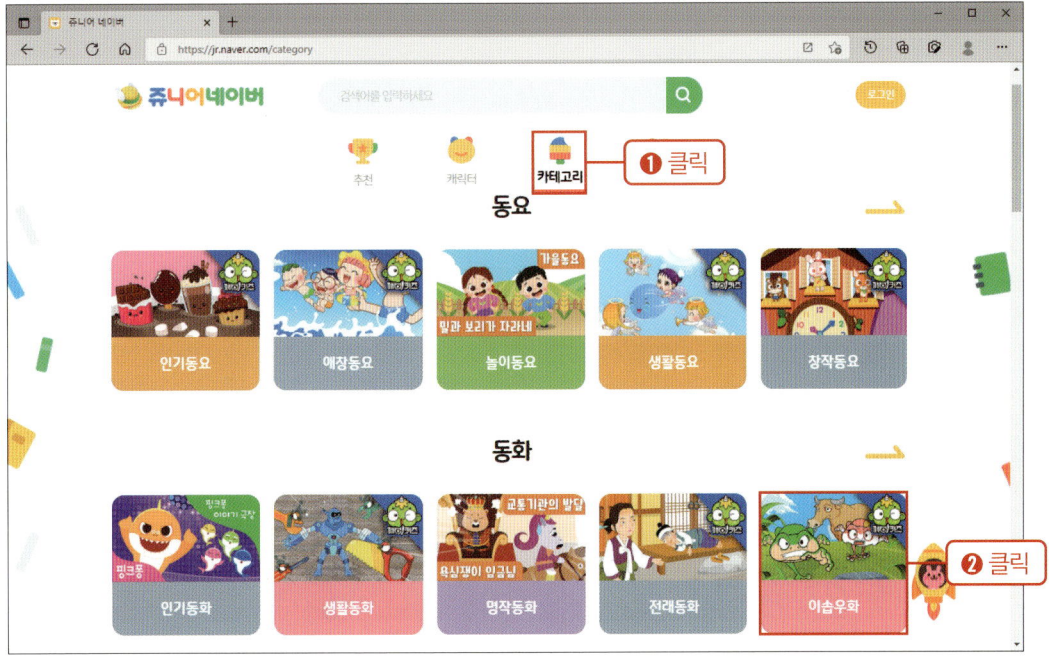

07 · 동화 속 주인공되기 **31**

❸ 이솝우화 목록이 나타나면 보고 싶은 이솝우화를 클릭하여 감상해 봅니다.

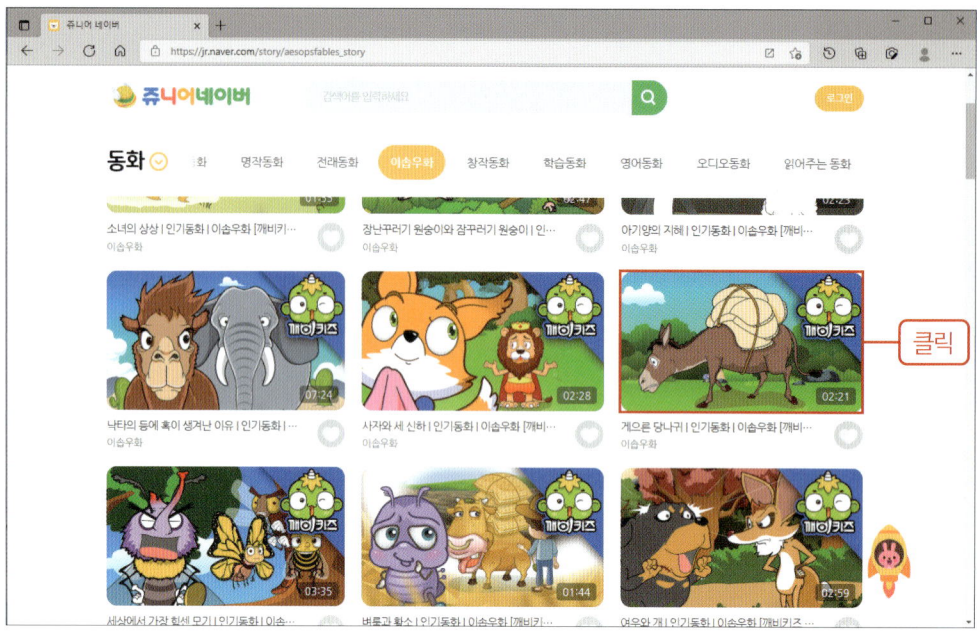

❹ 알파벳 게임을 하기 위해 [카테고리]-[플레이존]-[언어놀이]를 클릭한 후 [a(소문자)]를 클릭합니다.

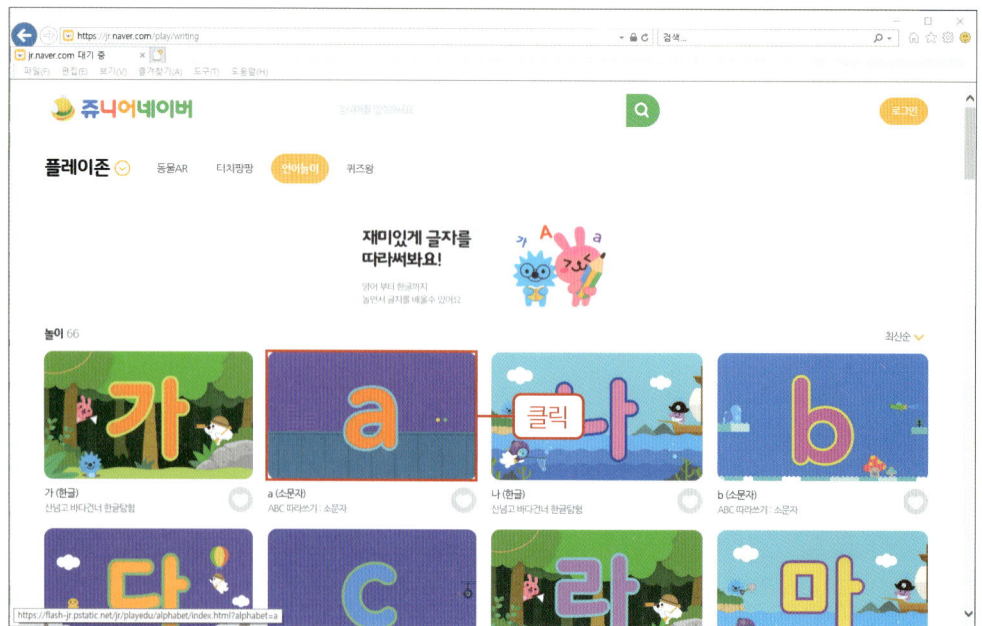

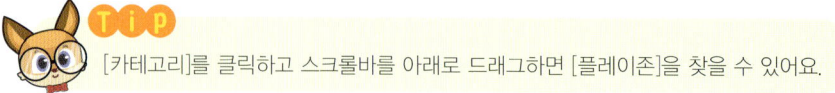

[카테고리]를 클릭하고 스크롤바를 아래로 드래그하면 [플레이존]을 찾을 수 있어요.

5 게임 화면이 나타나면 [Start] 단추를 클릭합니다.

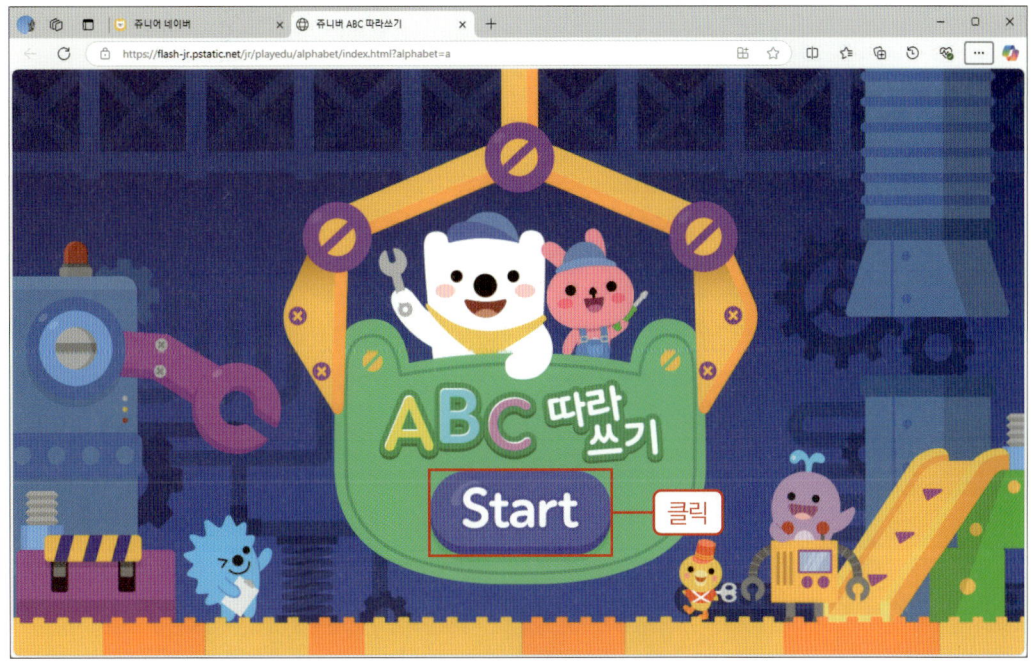

6 알파벳을 따라 쓰며 따라쓰기 연습을 해봅니다.

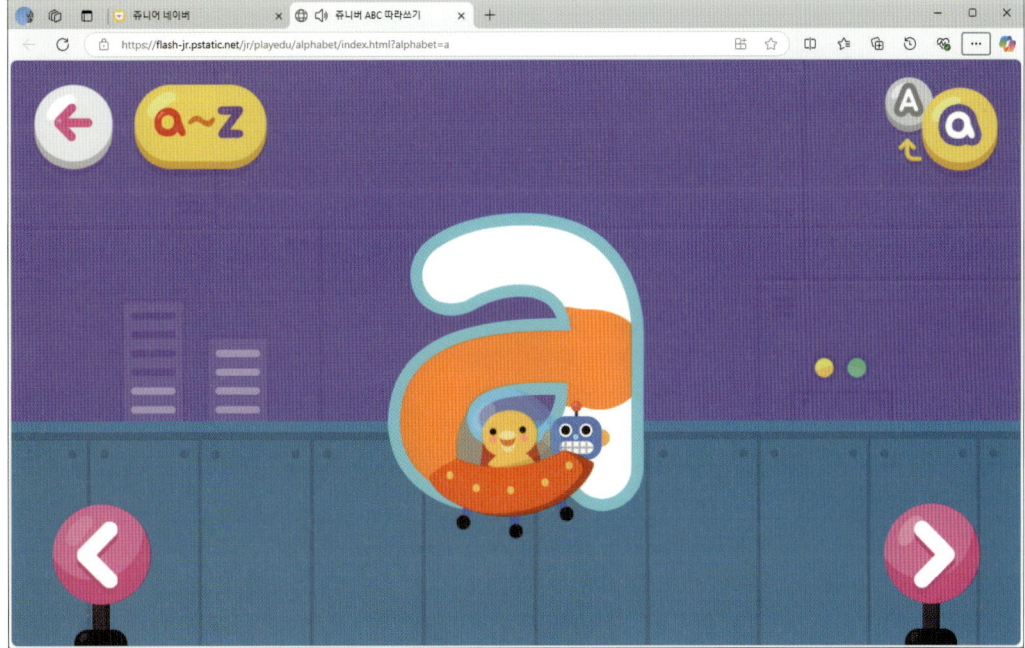

 **터치팡팡 메뉴에서 마우스 연습을 해보아요.**

① [카테고리]-[플레이존]-[터치팡팡]을 클릭합니다.

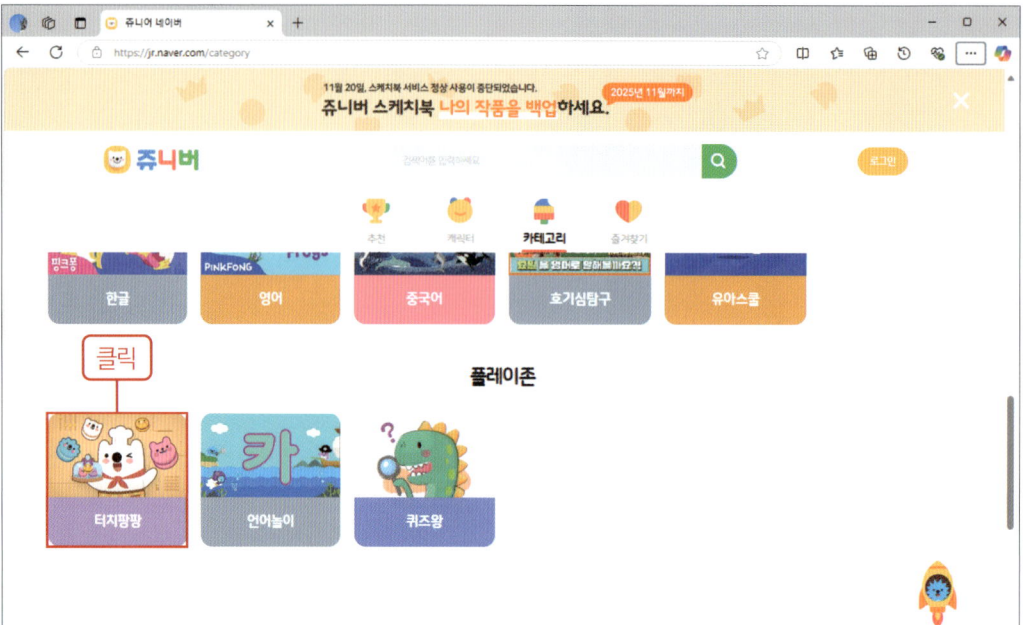

② [119 구조대 출동!!]을 클릭합니다.

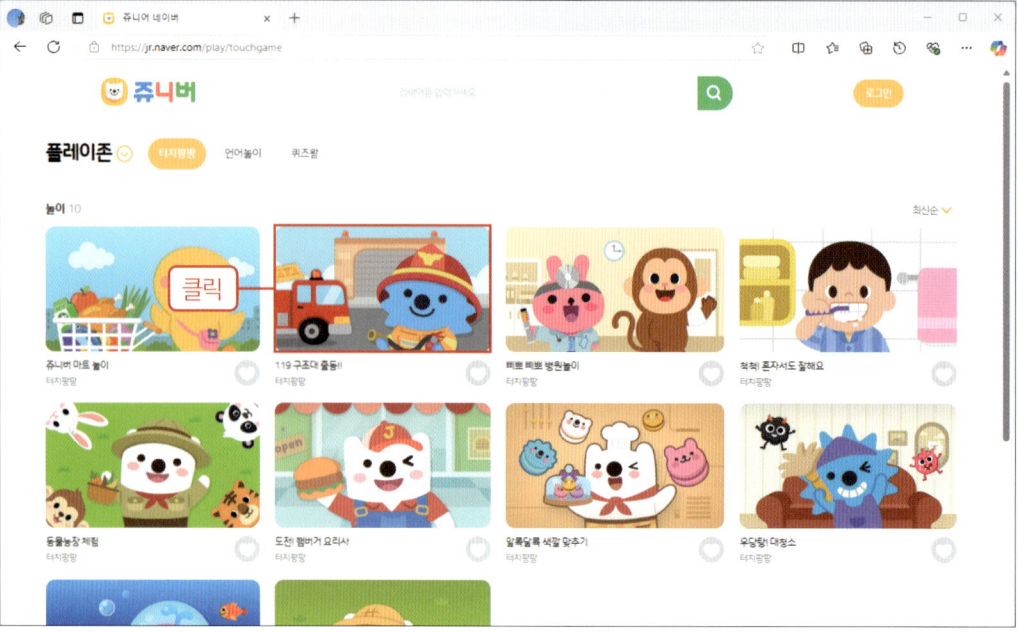

❸ 게임 화면이 나타나면 [시작]을 클릭합니다.

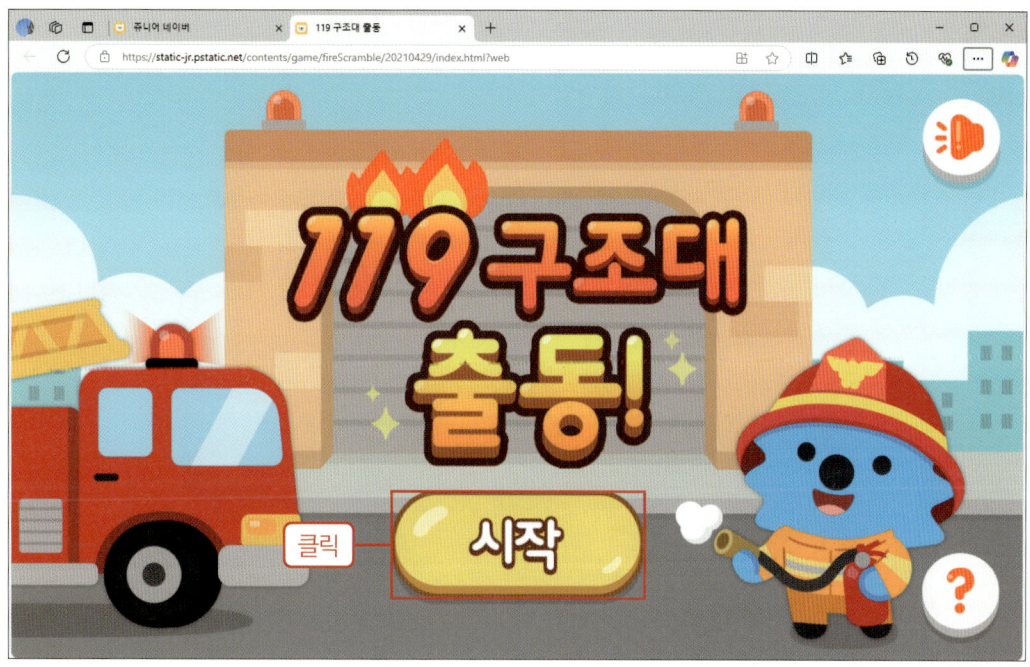

❹ 마우스로 사다리를 움직이며 불이 난 곳에 물을 뿌려 불을 꺼봅니다.

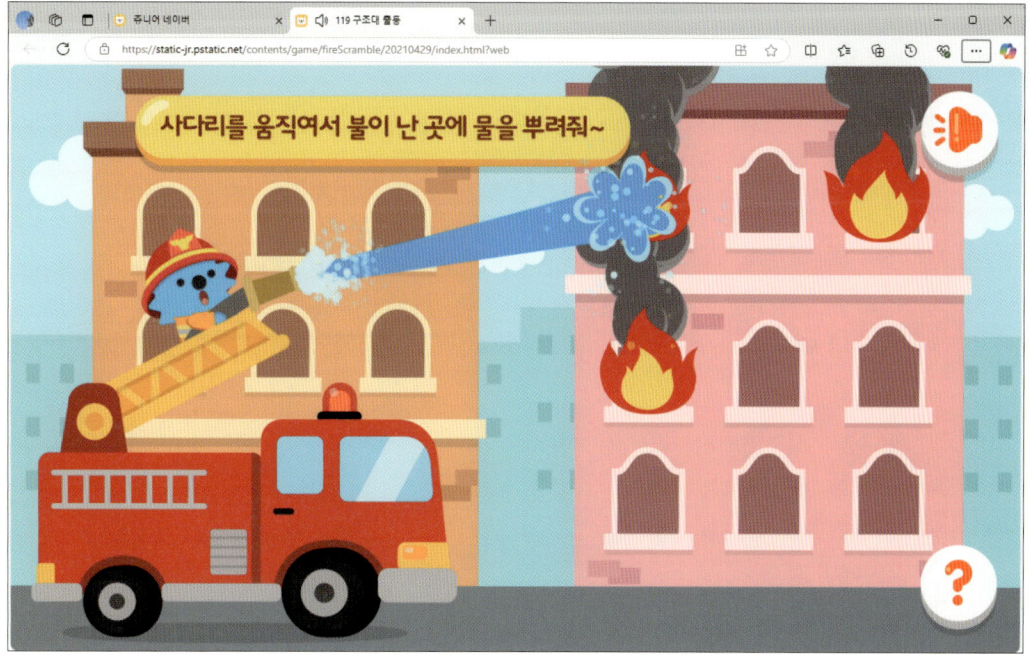

07 혼자 할 수 있어요!

01 [인기동요]에서 [상어가족]을 선택하여 그림과 같이 동요를 감상해 보세요.

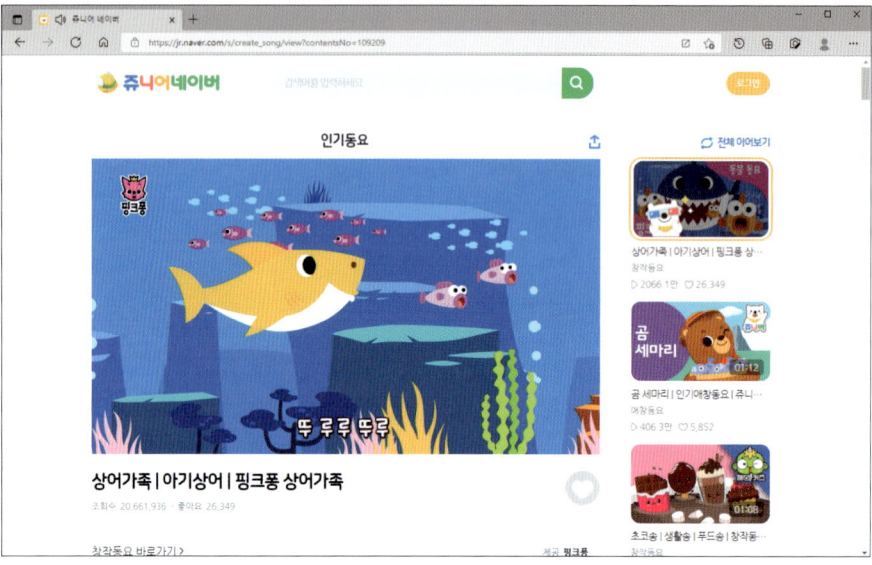

02 [플레이존]에서 [도전 햄버거 요리사!]를 선택하여 그림과 같이 햄버거를 만들어 보세요.

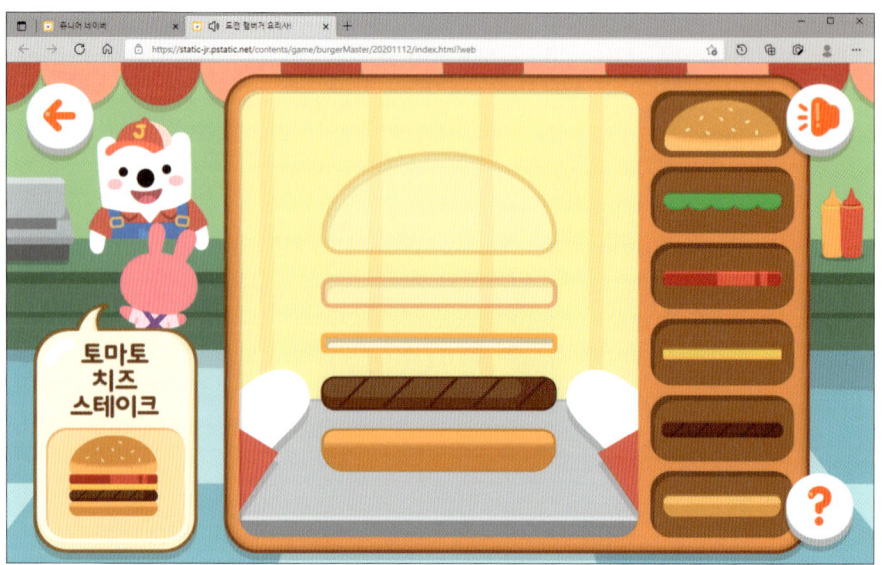

08 지도 길잡이

- 지도로 여행을 떠나요.
- 길찾기 기능을 이용해요.
- 각 위치의 거리를 알아봐요.

미션 1 네이버 지도로 검색해 보아요.

① '네이버' 홈페이지에서 '네이버 지도'를 검색하거나 주소 표시줄에 'map.naver.com'을 입력하여 '네이버 지도' 페이지에 접속합니다.

② 검색창에 '하회마을'을 입력하고 Enter 를 누릅니다.

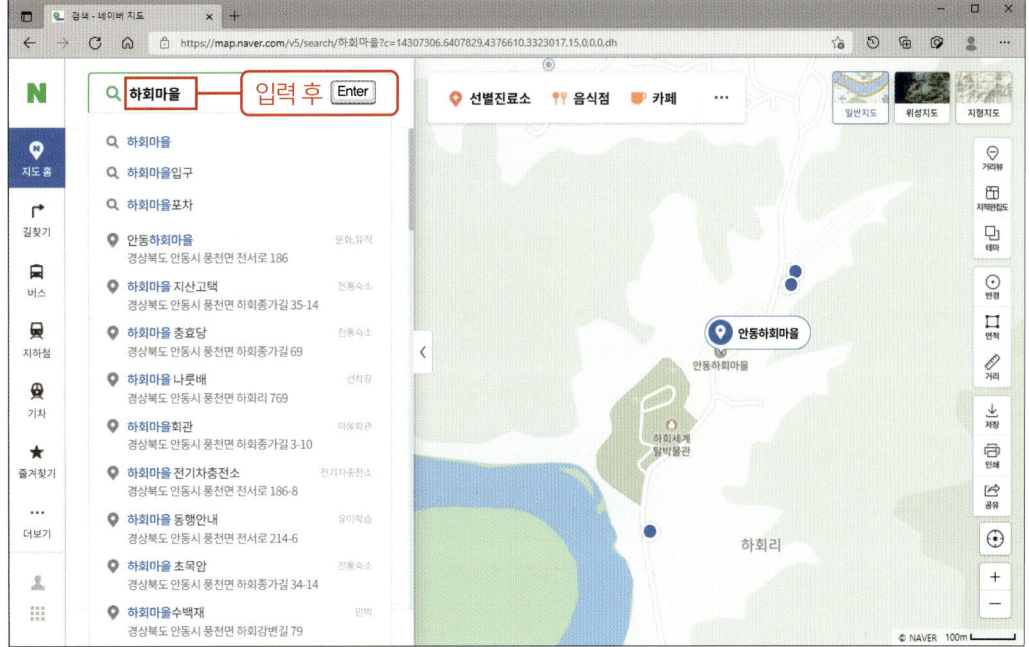

 Tip '하회마을'을 입력하면 나타나는 검색 리스트 중 한 곳을 클릭하면 해당 위치가 검색돼요.

❸ 왼쪽에 표시된 검색 결과에서 가보고 싶었던 위치를 클릭합니다.

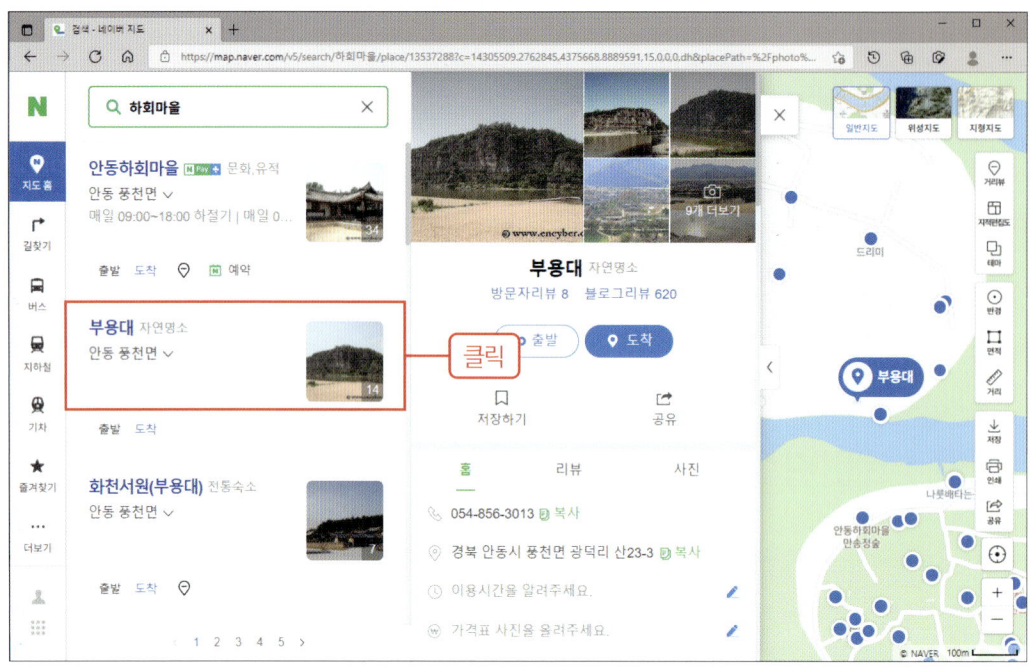

❹ 오른쪽 상단의 [위성지도]를 클릭하여 지도의 위성사진을 확인해 봅니다.

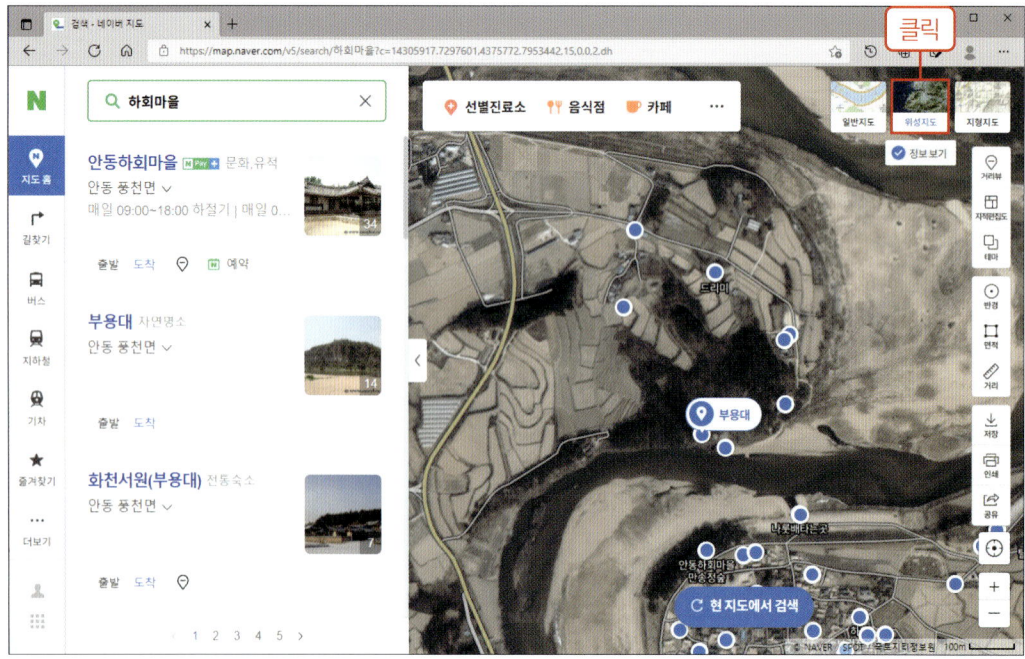

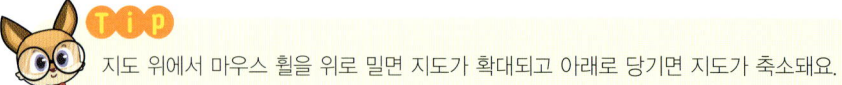

지도 위에서 마우스 휠을 위로 밀면 지도가 확대되고 아래로 당기면 지도가 축소돼요.

 **길찾기 기능을 이용해 보아요.**

❶ [길찾기]를 클릭한 후 '출발지 입력' 칸에 '청와대'를 입력하고 '도착지 입력' 칸에 '호미곶'을 입력한 후 [길찾기] 단추를 클릭합니다.

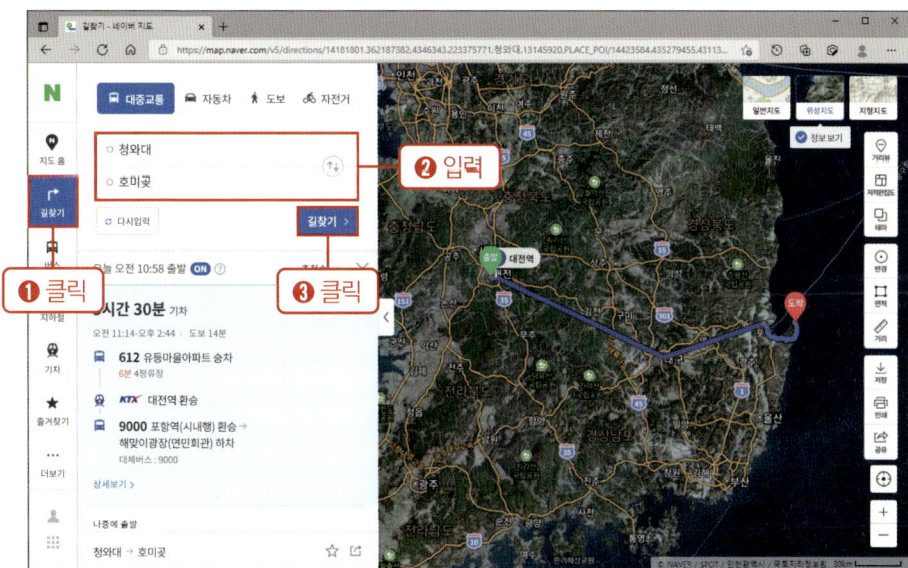

❷ 이용할 교통수단을 선택하여 경로와 소요 시간 정보 등을 확인해 봅니다.

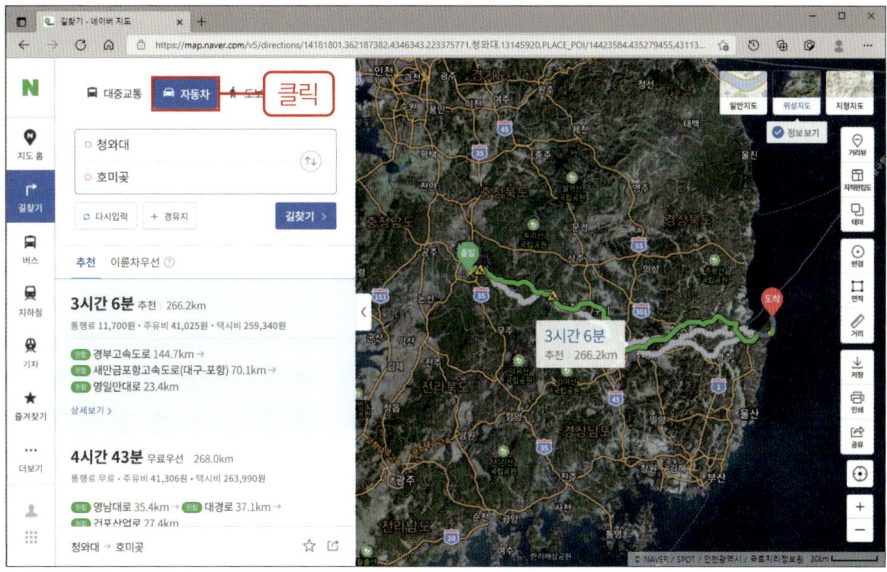

 Tip 교통수단을 '도보'로 선택할 경우 직선거리가 50㎞ 이내인 경우에만 길찾기를 할 수 있어요.

미션 3 각 위치의 거리를 알아보아요.

1 검색창에 '만장굴'을 입력하여 검색한 후 지도 오른쪽의 [거리]를 클릭합니다.

2 마우스 포인터의 모양이 변경되면 거리를 측정할 시작점과 도착점을 각각 클릭하여 거리를 확인합니다.

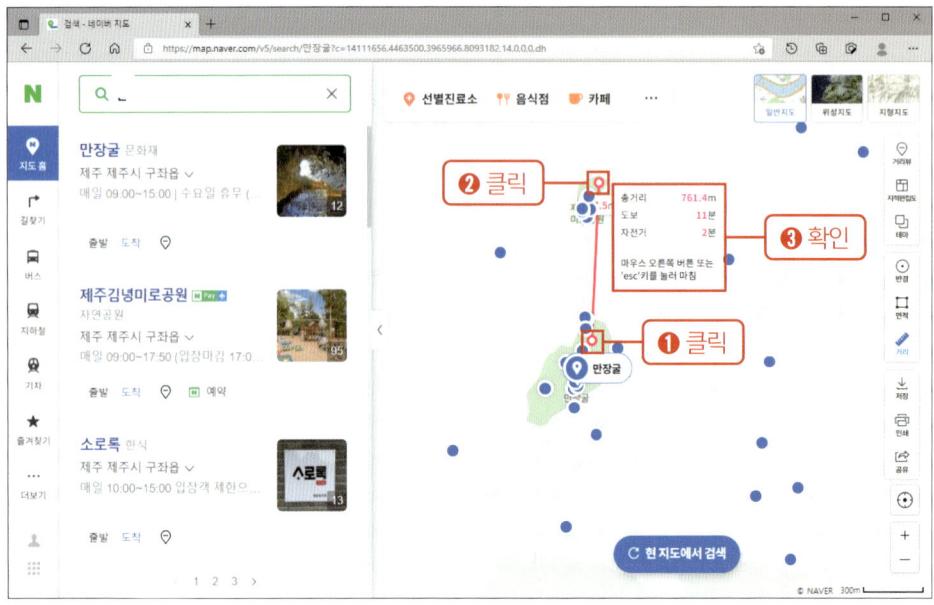

혼자 할 수 있어요!

01 '경복궁'을 검색한 후 [거리뷰]를 이용하여 다음 그림과 같이 만들어 보세요.

02 '함덕해수욕장'을 검색한 후 [항공뷰]를 이용하여 다음 그림과 같이 만들어 보세요.

09 날씨를 알려주는 기상 캐스터

학습목표
- 기상청 날씨누리 홈페이지를 방문해요.
- 일기예보를 확인해요.

미션 1 기상청 날씨누리 홈페이지에 방문해 보아요.

 '네이버' 홈페이지에서 '기상청 날씨누리'를 검색하거나 주소 표시줄에 'www.weather.go.kr'을 입력하여 기상청 날씨누리 홈페이지에 접속합니다.

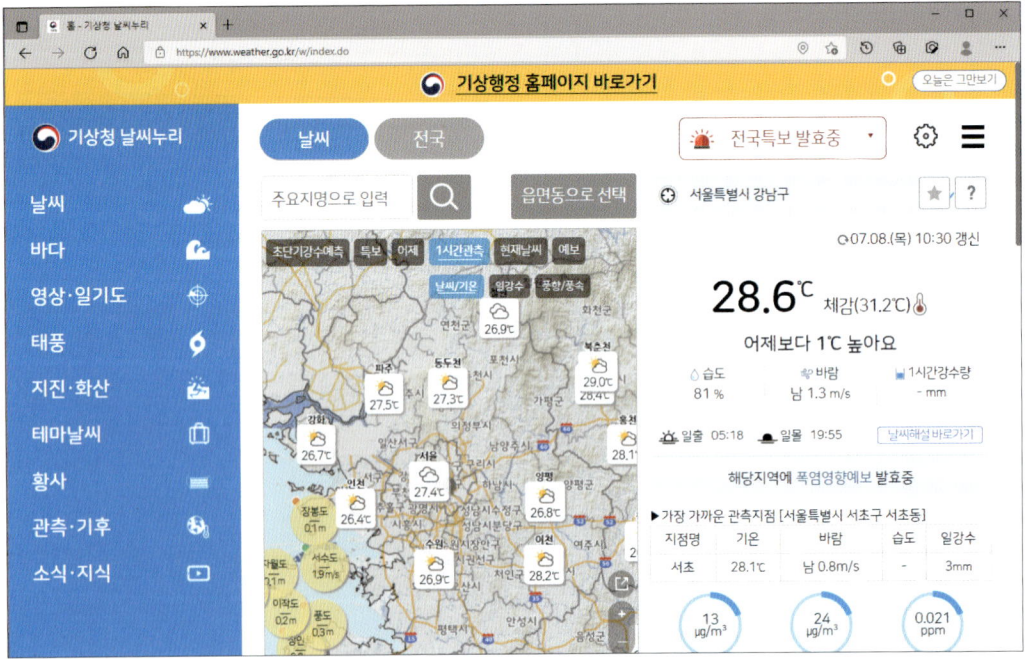

❷ 날씨지도 상단의 특보, 어제, 현재날씨, 일강수 등을 클릭하여 날씨를 확인합니다.

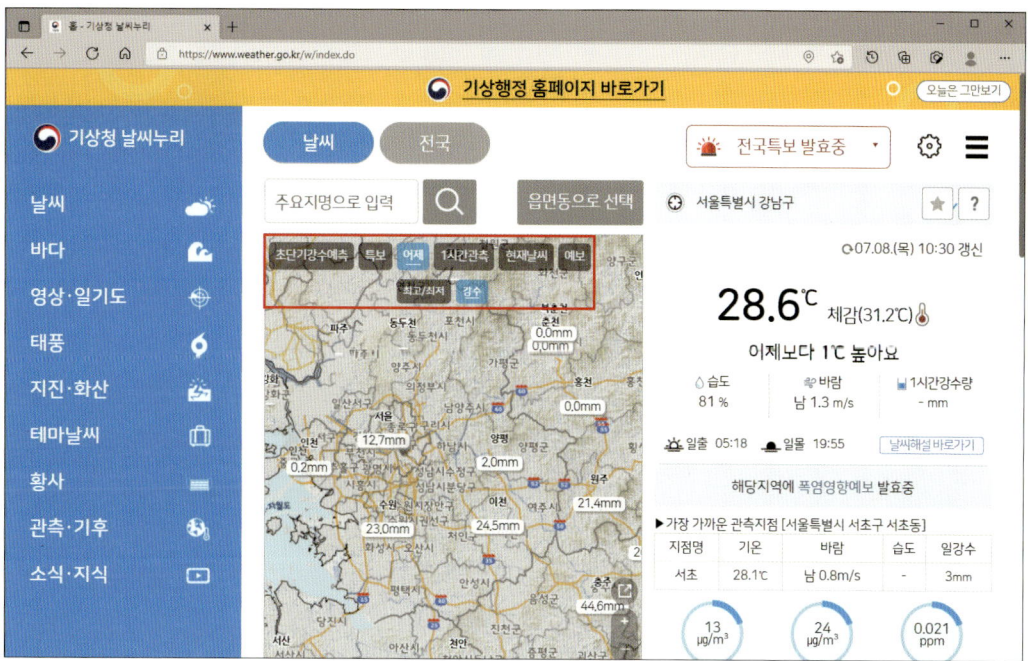

❸ 검색창에 자신이 사는 지역을 검색한 후 지역의 [현재날씨]를 확인해 봅니다.

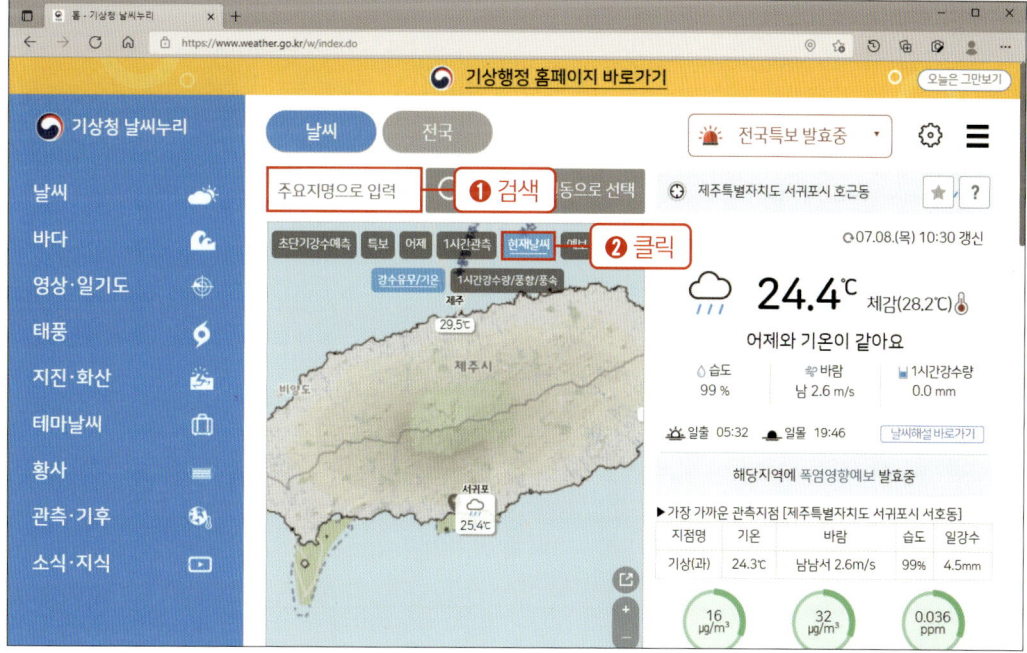

미션 2 일기예보를 알아보아요.

① 왼쪽 메뉴의 [날씨]-[예보]-[단기예보]를 클릭하고 검색창에 지역을 입력하여 날씨 정보를 확인합니다.

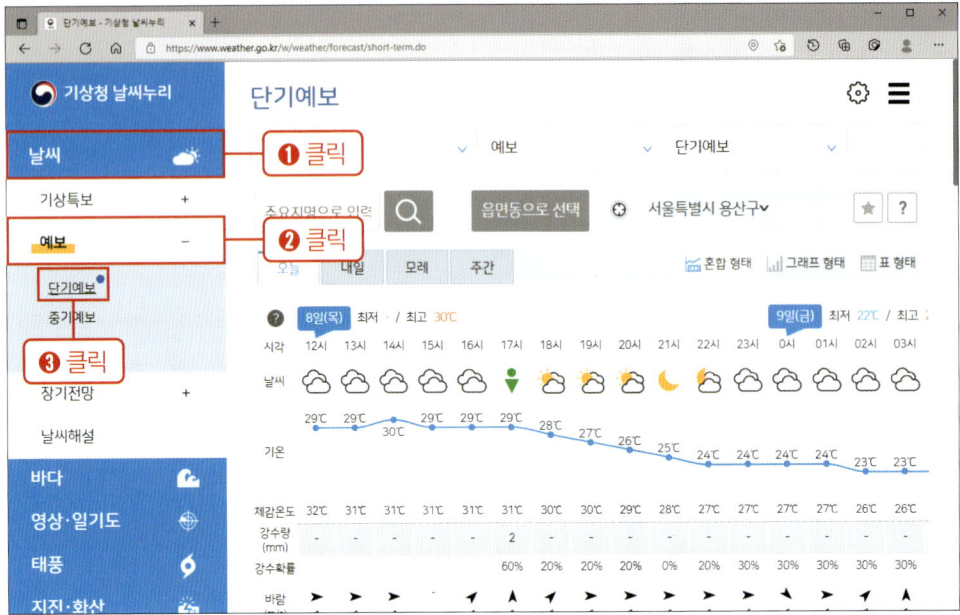

② [중기예보]를 클릭하여 본인이 사는 지역의 육상날씨와 최저/최고기온을 확인해 봅니다.

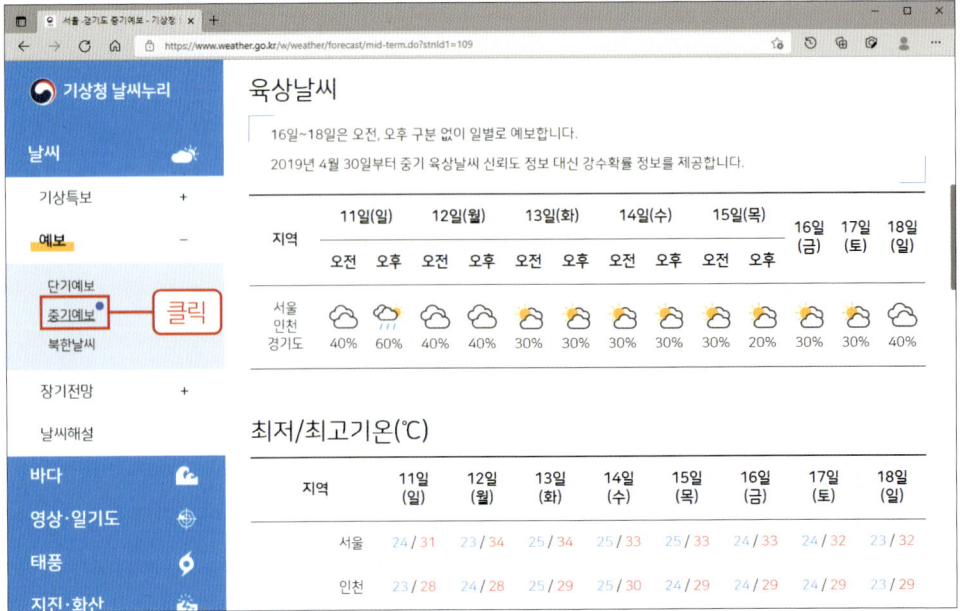

❸ [북한날씨]를 클릭하여 북한의 날씨도 확인해 봅니다.

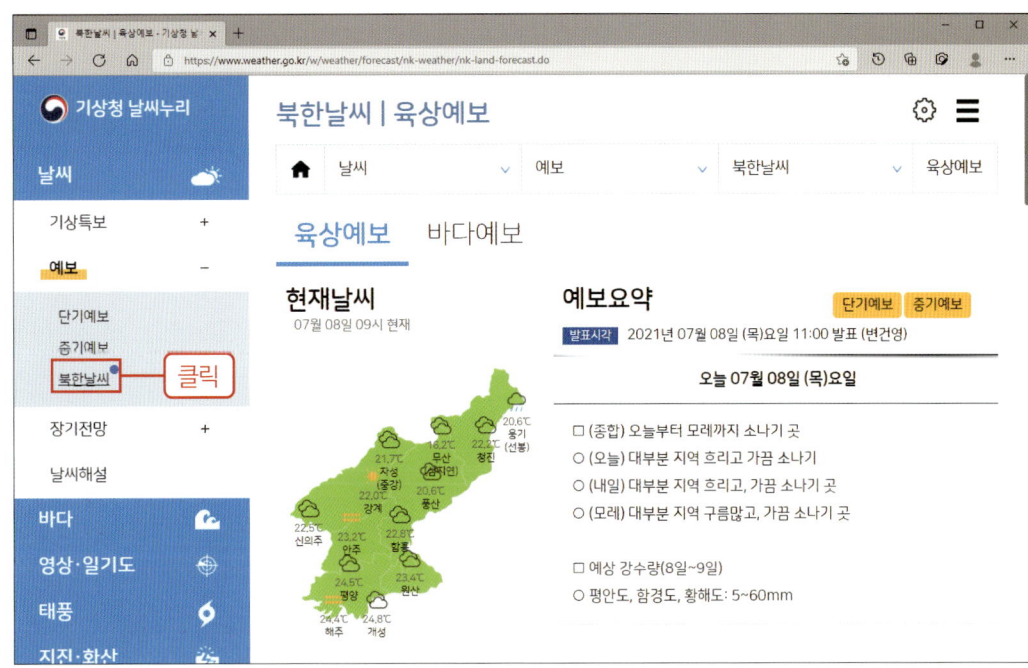

❹ 기상청 날씨누리 홈페이지의 메뉴를 이용하여 다양한 날씨 정보를 확인해 봅니다.

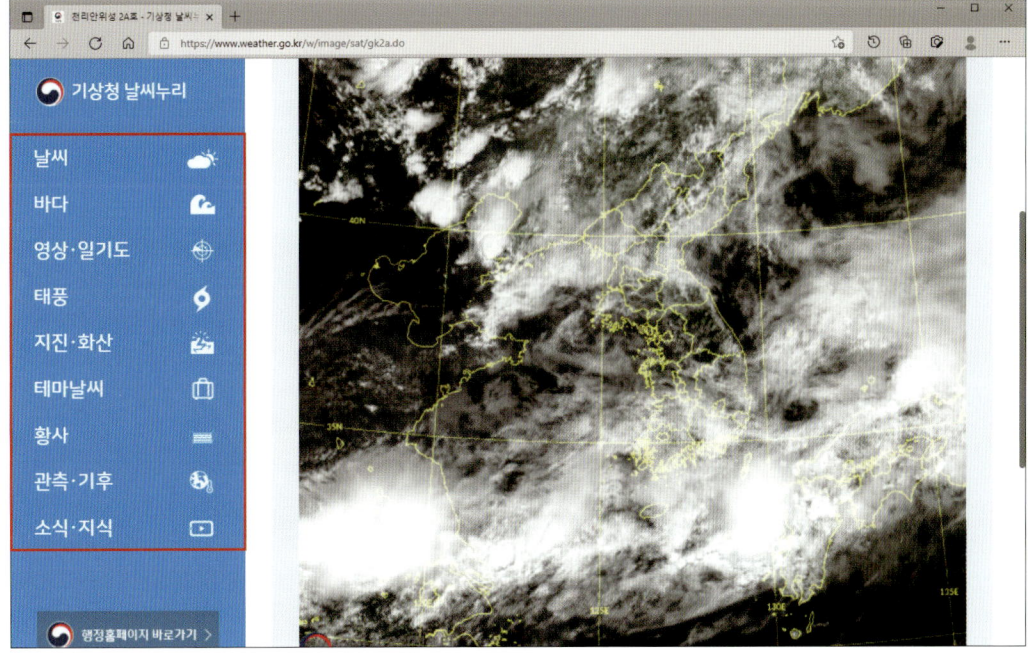

09   혼자 할 수 있어요!

01 [테마날씨]-[해수욕장예보]를 이용하여 '해운대'의 날씨 정보를 확인해 보세요.

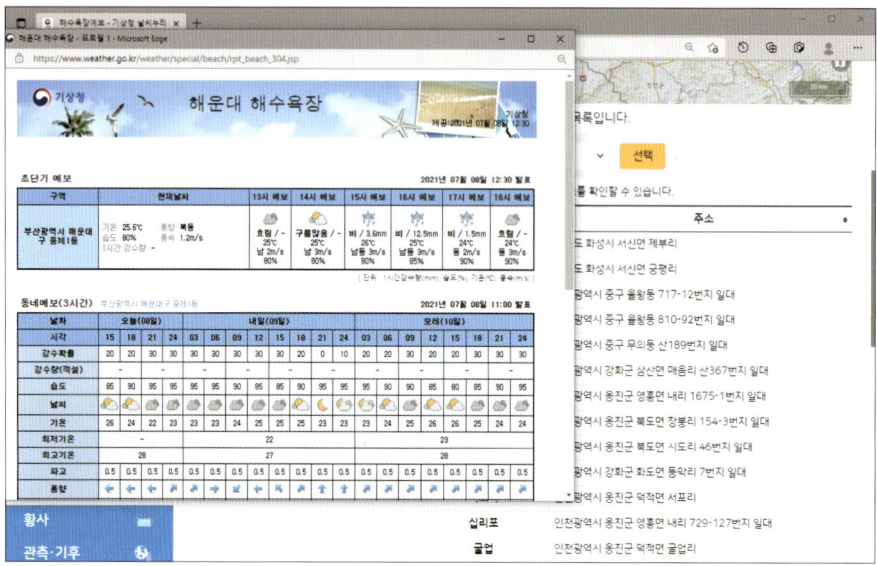

02 [지진·화산]-[실시간 지진감시]를 이용하여 현재 지진 정보를 확인해 보세요.

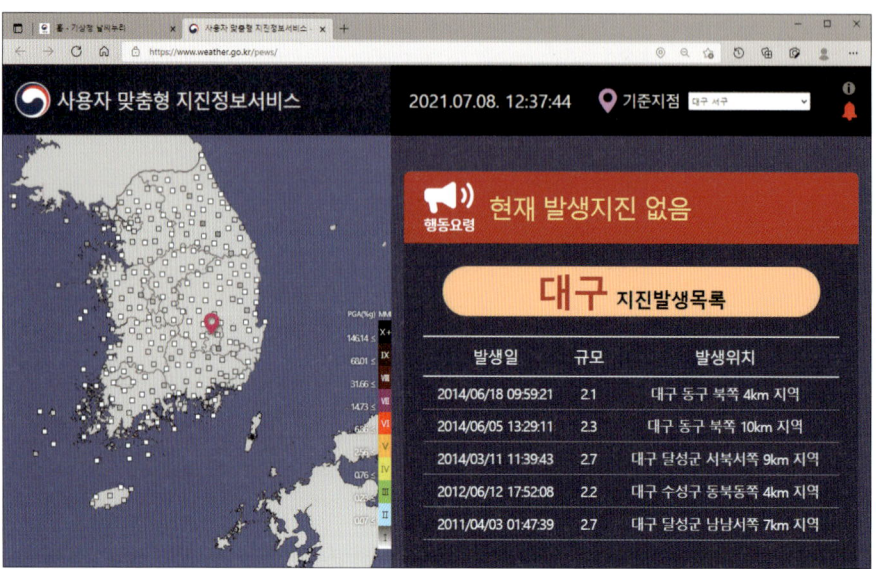

10 인터넷 시사 박사

학습목표
- 시사퍼즐을 풀어봐요.
- 친구들의 기사를 확인해요.

미션 1 시사퍼즐을 풀어 보아요.

① '네이버' 홈페이지에서 '어린이동아'를 검색하거나 주소 표시줄에 'http://kids.donga.com'을 입력하여 어린이동아 홈페이지에 접속합니다.

② 상단 메뉴 중 [꿀잼놀이터]-[시사퍼즐]를 클릭합니다.

10 · 인터넷 시사 박사 47

❸ 시사퍼즐 목록 중 원하는 시사퍼즐을 클릭합니다.

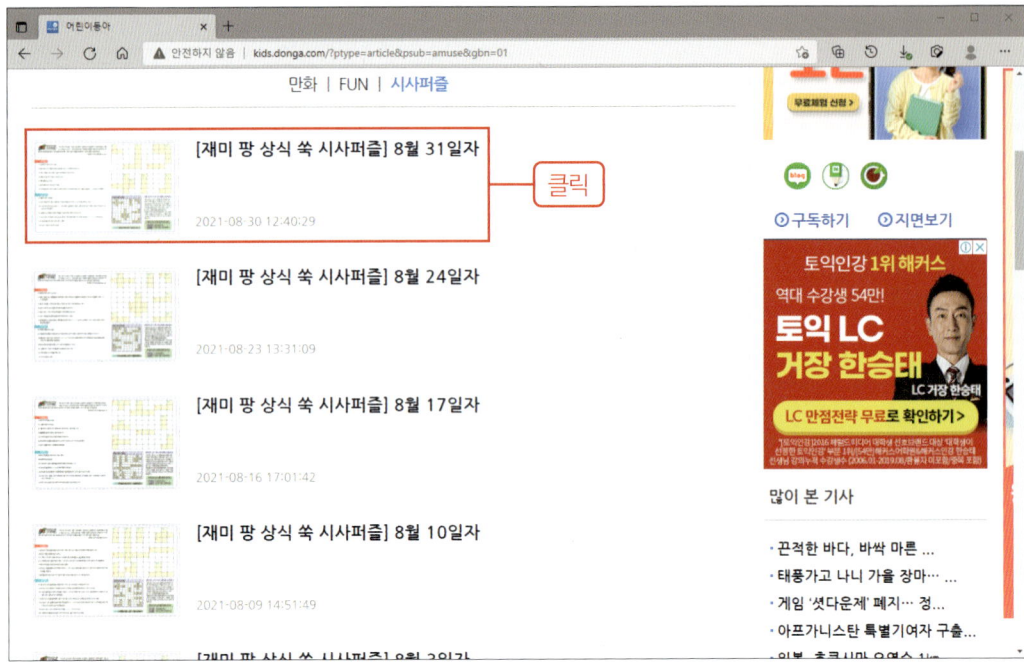

❹ 시사퍼즐 문제가 나타나면 시사퍼즐 위에서 마우스 오른쪽 단추를 클릭하고 [이미지 복사]를 클릭합니다.

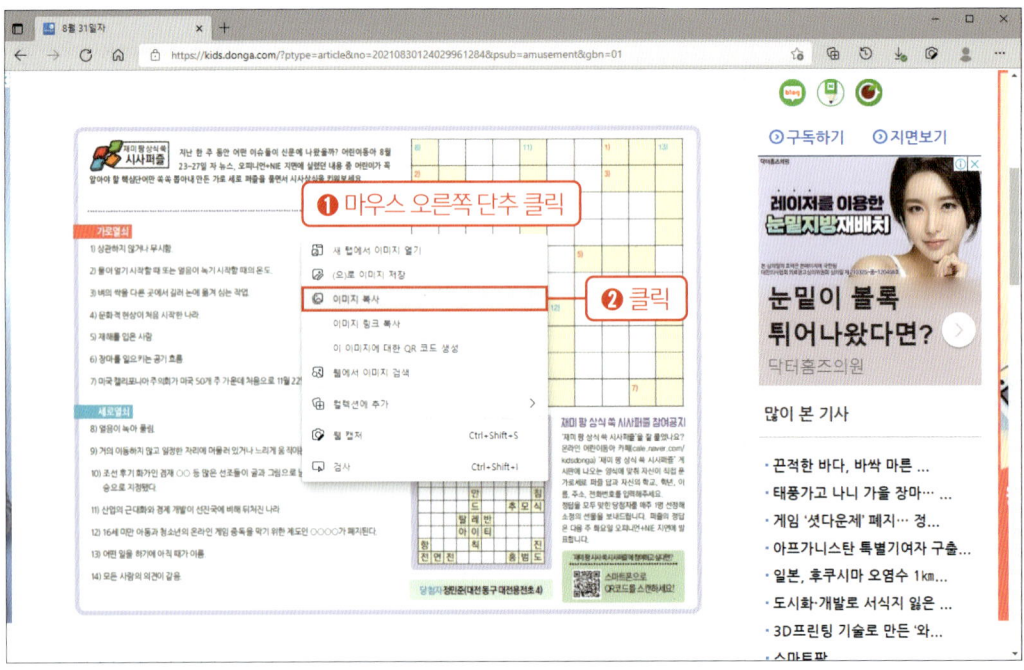

⑤ [한글] 프로그램을 실행한 후 빈 문서에서 마우스 오른쪽 단추를 클릭하고 [붙이기]를 클릭합니다. 이어서 [HTML 문서 붙이기] 대화상자가 나타나면 [원본 형식 유지]에 체크한 후 [확인] 단추를 클릭합니다.

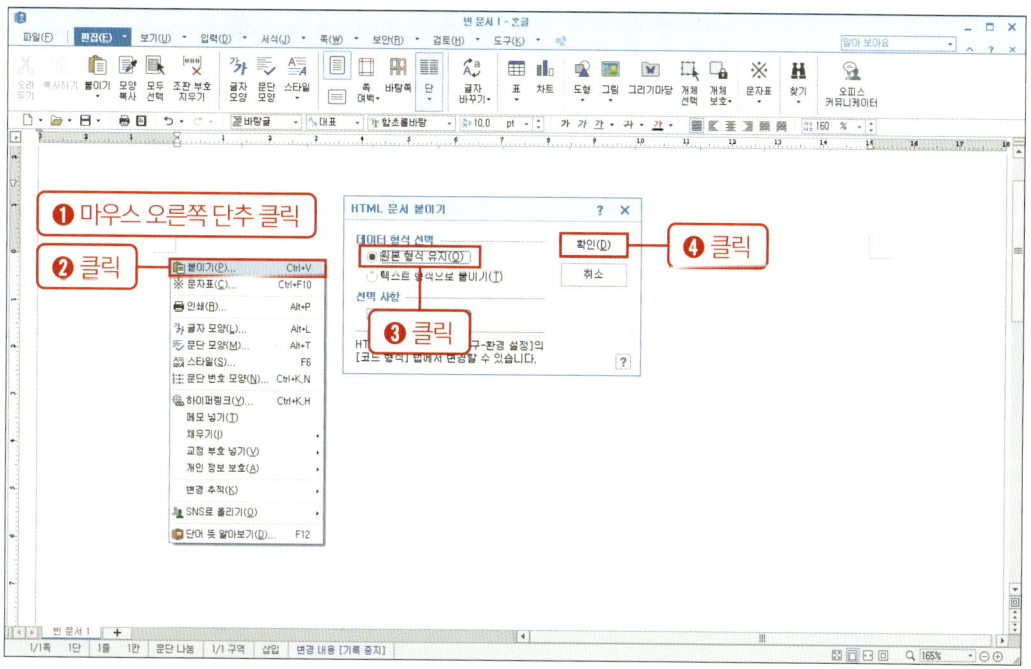

⑥ 시사퍼즐 문제가 붙여 넣어지면 [파일] 탭-[인쇄]를 클릭하여 인쇄한 후 시사퍼즐 문제를 풀어 봅니다.

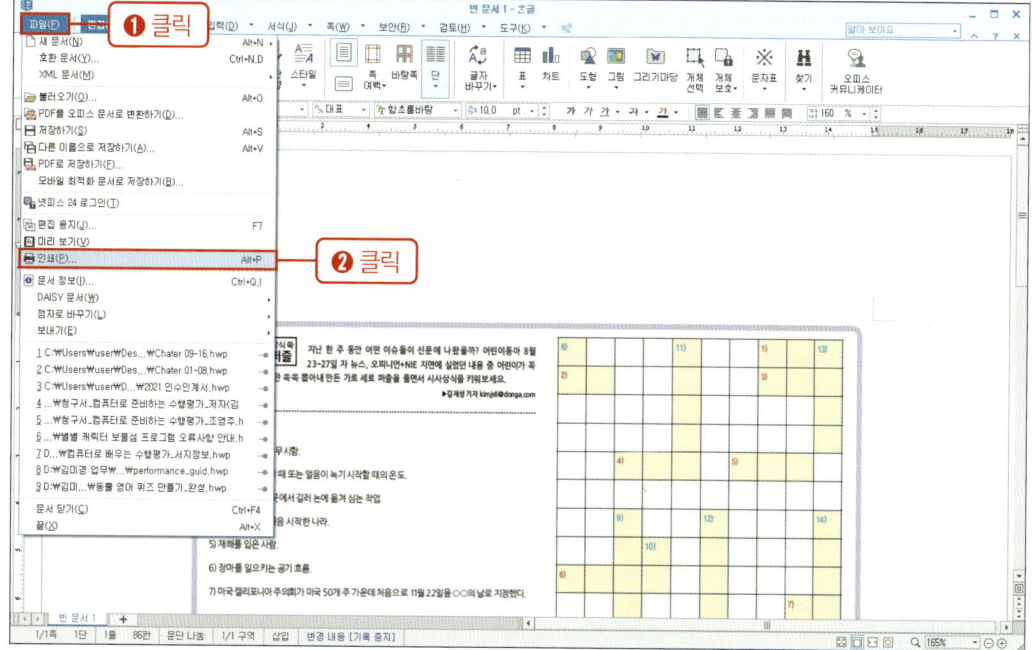

미션 2 친구들의 기사를 확인해 보아요.

① 상단 메뉴 중 [어린이기자 마당]-[새싹기자]를 클릭합니다.

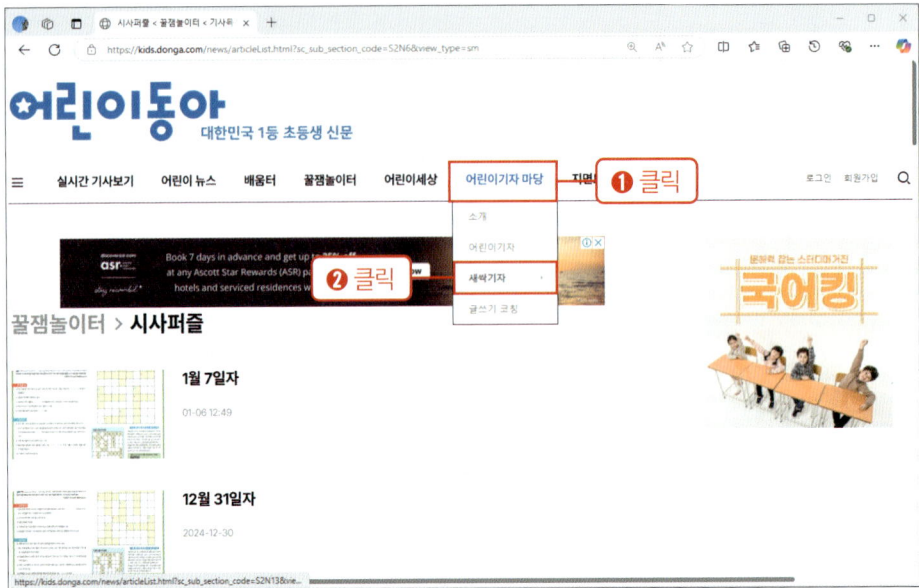

② 기사 목록이 나타나면 원하는 기사를 클릭하여 친구들이 작성한 기사를 확인해 봅니다.

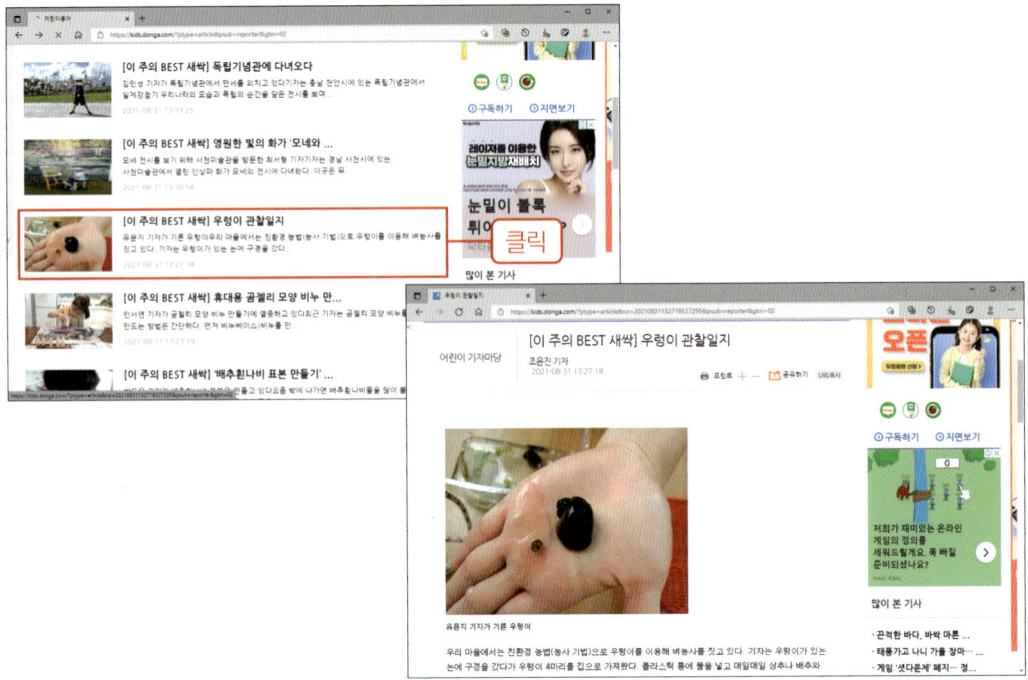

혼자 할 수 있어요!

01 [어린이세상]-[문예상]에서 다양한 작품을 감상해 보세요.

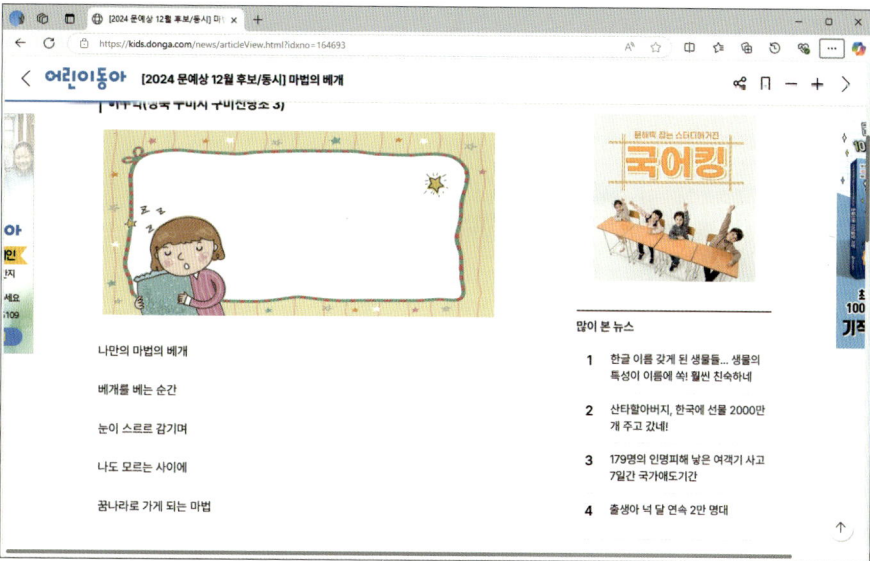

02 [어린이세상]-[무슨 말을 할까요]에서 상황에 어울리는 대화 내용을 생각해 보세요.

11 내가 사는 지역의 상징물

학습목표

- 각 지자체의 홈페이지를 살펴봐요.
- 내가 사는 지역의 상징물을 알아봐요.

 **각 지자체의 홈페이지를 살펴 보아요.**

1. '네이버' 홈페이지에서 '서울특별시청'을 검색하거나 주소 표시줄에 'www.seoul.go.kr'을 입력하여 서울특별시청 홈페이지에 접속합니다.

❷ [서울소개]-[서울의 상징물(조례)]-[휘장]을 클릭하여 서울시의 휘장을 확인합니다.

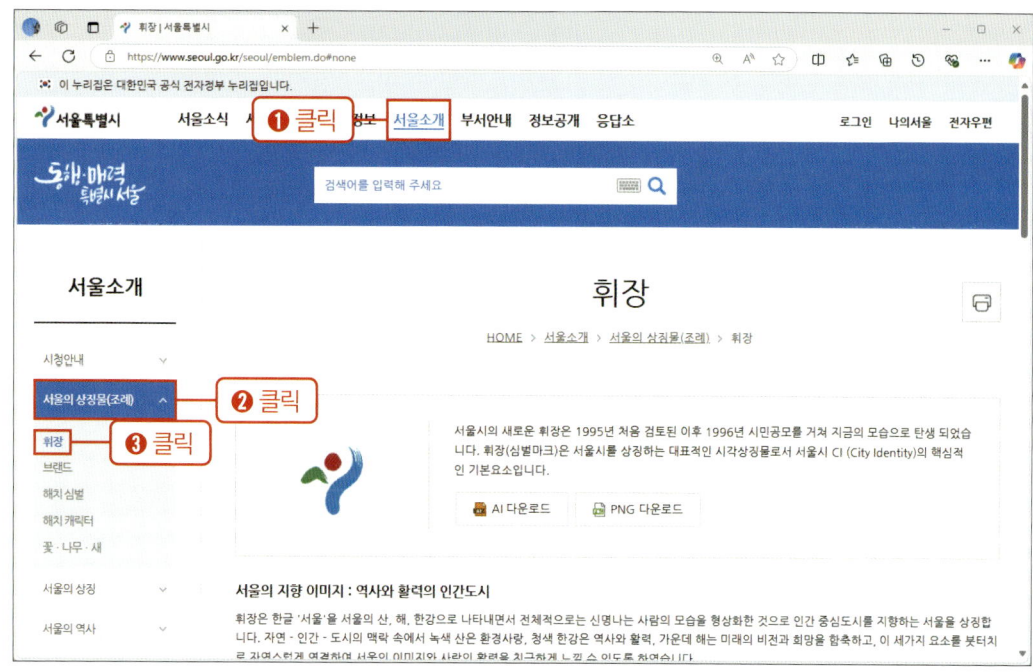

❸ [서울의 상징물(조례)]에서 '브랜드', '해치 심벌', '해치 캐릭터', '꽃·나무·새'를 클릭하여 서울시의 상징물을 확인해 봅니다.

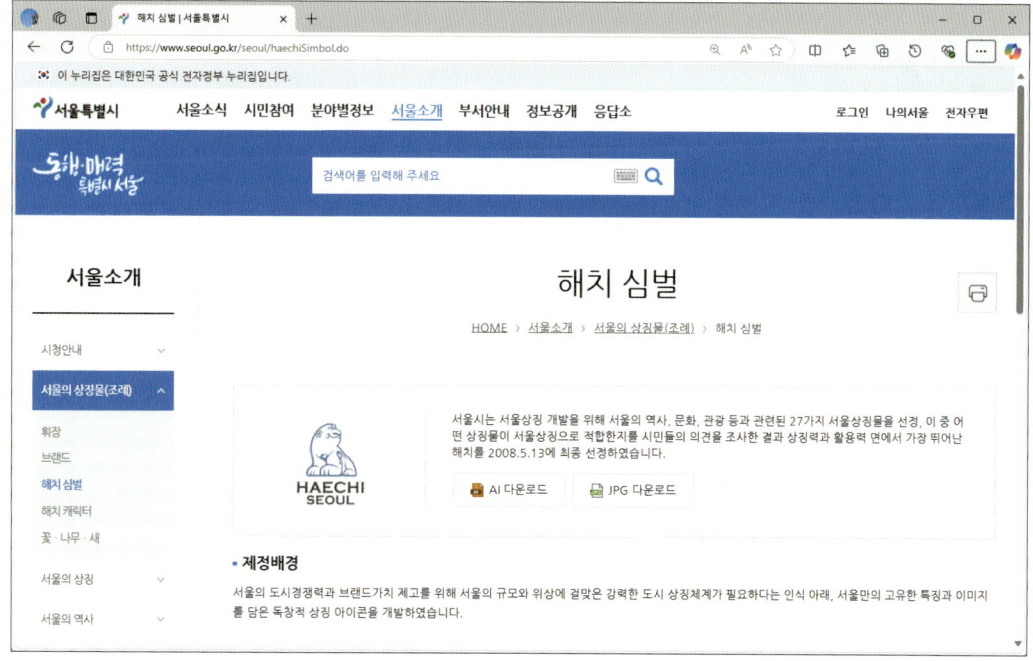

미션 2 자신이 사는 지역의 상징물을 알아보아요.

1 16개의 각 시/도의 홈페이지 주소를 '네이버'에서 검색하여 다음 표에 적어 봅니다.

시/도	시/도 홈페이지 주소
서울특별시	
부산광역시	
대구광역시	
인천광역시	
광주광역시	
대전광역시	
울산광역시	
경기도	
강원도	
경상남도	
경상북도	
전라남도	
전라북도	
충청남도	
충청북도	
제주특별자치도	

2 시/도의 상징물을 검색하고 찾은 결과를 표의 빈칸에 적어 봅니다.

시/도	상징 나무	상징 새	시/도	상징 나무	상징 새
서울특별시			강원도		
부산광역시			경상남도		
대구광역시			경상북도		
인천광역시			전라남도		
광주광역시			전라북도		
대전광역시			충청남도		
울산광역시			충청북도		
경기도			제주특별자치도		

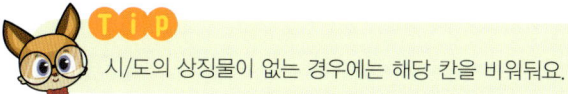

시/도의 상징물이 없는 경우에는 해당 칸을 비워둬요.

혼자 할 수 있어요!

01 내가 사는 구/군청 홈페이지에 접속하여 주민들을 위해 진행하는 행사나 교육 프로그램에는 무엇이 있는지 알아보세요.

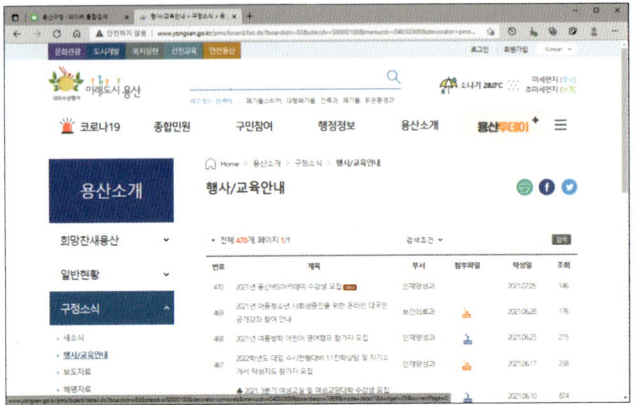

- 구/군청 홈페이지
- 진행 중인 행사
- 교육 프로그램

02 내가 사는 읍/면/동 주민센터 홈페이지에 접속하여 주민들을 위해 진행하는 행사나 교육 프로그램에는 무엇이 있는지 알아보세요.

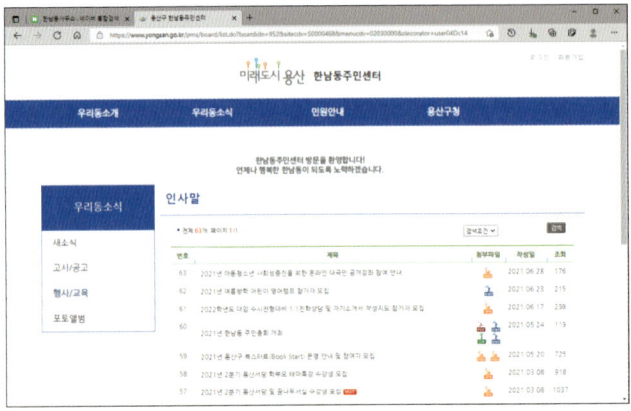

- 읍/면/동 홈페이지
- 진행 중인 행사
- 교육 프로그램

12 나의 진로 찾아보기

학습목표
- 진로정보를 찾아보고 진로를 탐색해요.
- 진로에 대한 고민을 상담해요.

미션 1 진로정보를 찾아보고 진로를 탐색해 보아요.

① '네이버' 홈페이지에서 '주니어 커리어넷'을 검색하거나 주소 표시줄에 'www.career.go.kr/jr'을 입력하여 주니어 커리어넷 홈페이지에 접속합니다.

② 상단 메뉴 중 [진로정보를 찾아봐요]-[주니어 진로동영상]을 클릭하여 진로와 관련된 다양한 동영상을 확인합니다.

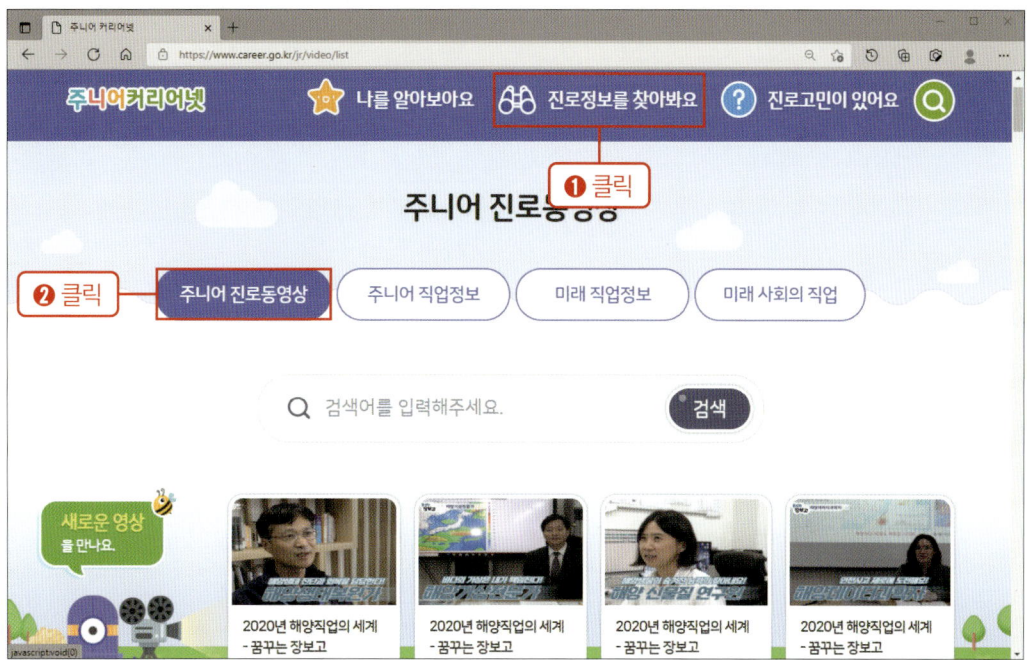

❸ 주니어 진로동영상 외에 '주니어 직업정보', '미래 직업정보', '미래 사회의 직업' 메뉴를 클릭하여 진로와 관련된 다양한 정보를 확인합니다.

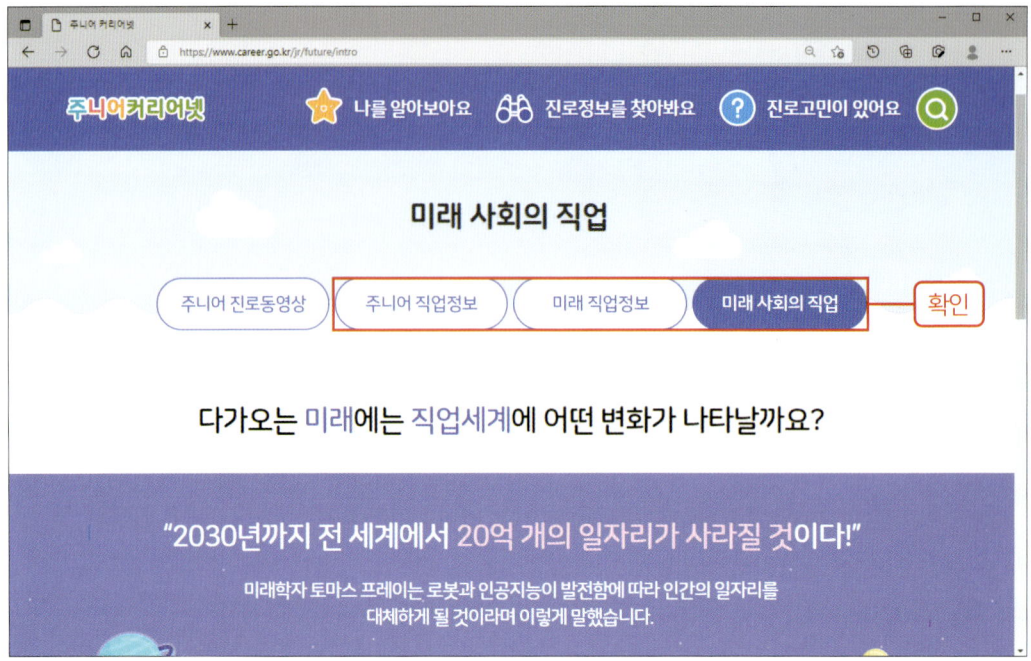

❹ 진로흥미탐색을 하기 위해 상단 메뉴 중 [나를 알아보아요]-[저학년 진로흥미탐색]을 클릭합니다.

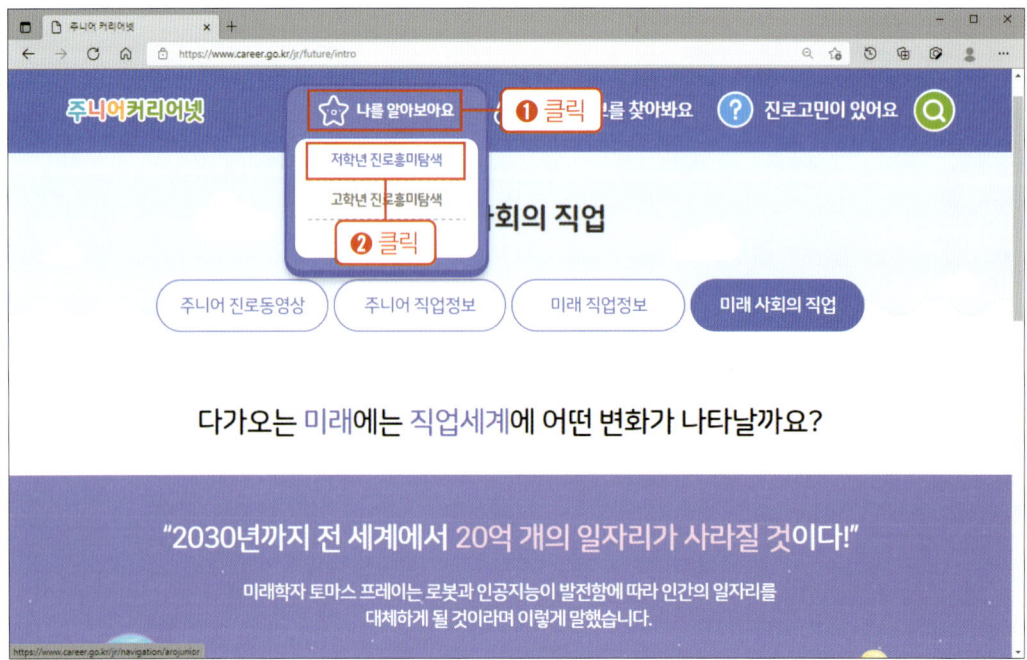

❺ '진로흥미탐색 색칠놀이' 페이지가 나타나면 [비회원으로 계속]을 클릭하여 내가 어떤 것을 좋아하고 잘하는지 살펴보고 나와 어울리는 직업은 무엇인지 확인해 봅니다.

❻ 이어서 [나를 알아보아요]-[주니어 진로카드]를 선택하여 내가 가장 중요하게 생각하는 것이 무엇인지 확인해 봅니다.

미션 2 진로에 대한 고민을 상담해 보아요.

❶ 상단 메뉴 중 [진로고민이 있어요]-[진로탐험대]를 클릭하여 진로탐험대 페이지가 나타나면 [시작하기]를 클릭합니다.

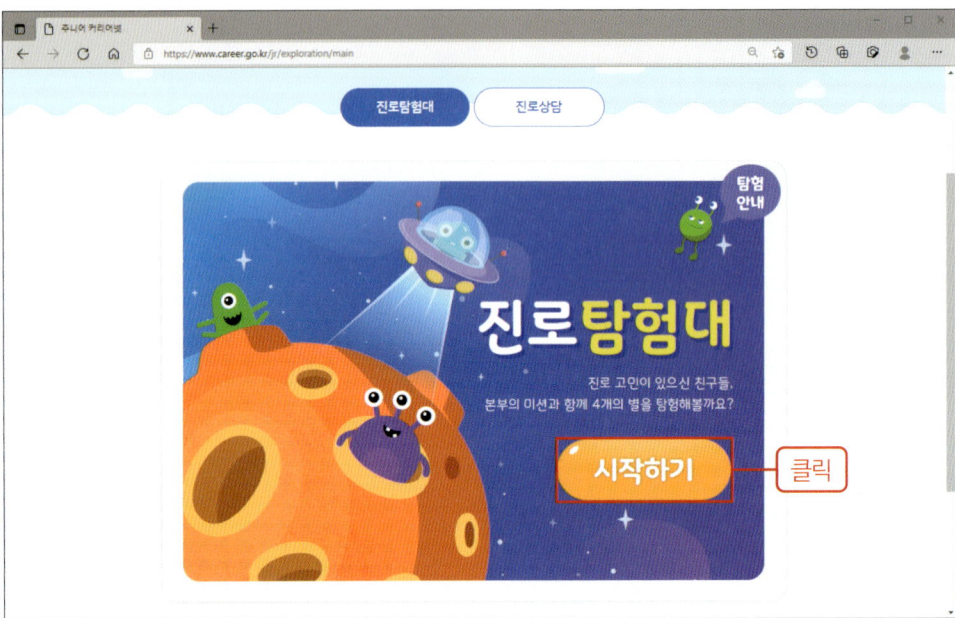

❷ 4개의 별을 클릭하여 각 분야별 진로에 대한 고민을 확인하고 상담을 해봅니다.

12 혼자 할 수 있어요!

01 프로게이머에 대한 직업정보를 확인하고 프로게이머가 하는 일과 프로게이머가 되기 위해서는 어떤 적성과 흥미가 필요한지 적어 보세요.

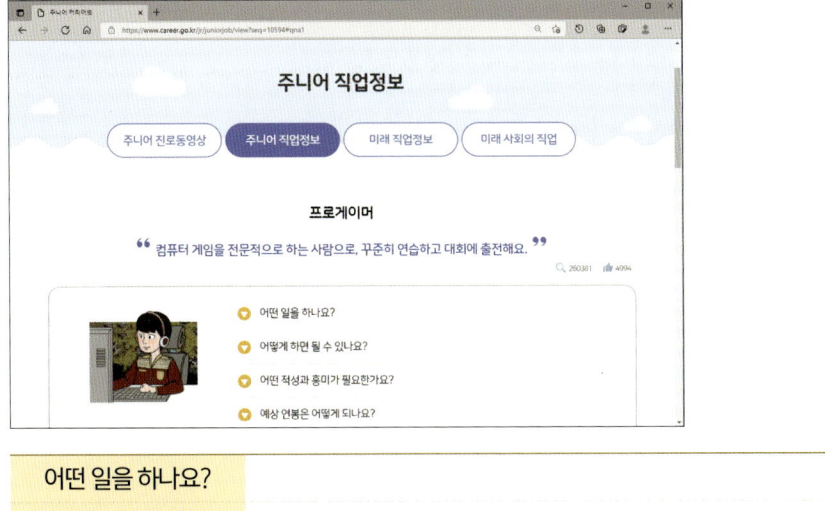

어떤 일을 하나요?	
필요한 적성과 흥미	

02 [미래 직업정보]-[로봇]을 클릭하여 로봇과 관련된 미래 직업에는 어떤 것들이 있는지 적어 보세요.

로봇 관련 미래 직업	

13 민속 박물관 탐방하기

- 우리 전통 놀이를 알아봐요.
- 다양한 놀이를 체험해요.

미션 1 우리 전통 놀이를 알아보아요.

① '네이버' 홈페이지에서 '국립민속박물관 어린이박물관'을 검색하거나 주소 표시줄에 'www.kidsnfm.go.kr'을 입력하여 국립민속박물관 어린이박물관 홈페이지에 접속합니다.

② [관람·예약]-[박물관 소개]를 클릭하여 국립민속박물관 어린이박물관이 어떤 곳인지 확인하고 '관람안내', '배치도 및 시설', '찾아오시는 길' 등 다양한 정보를 확인해 봅니다.

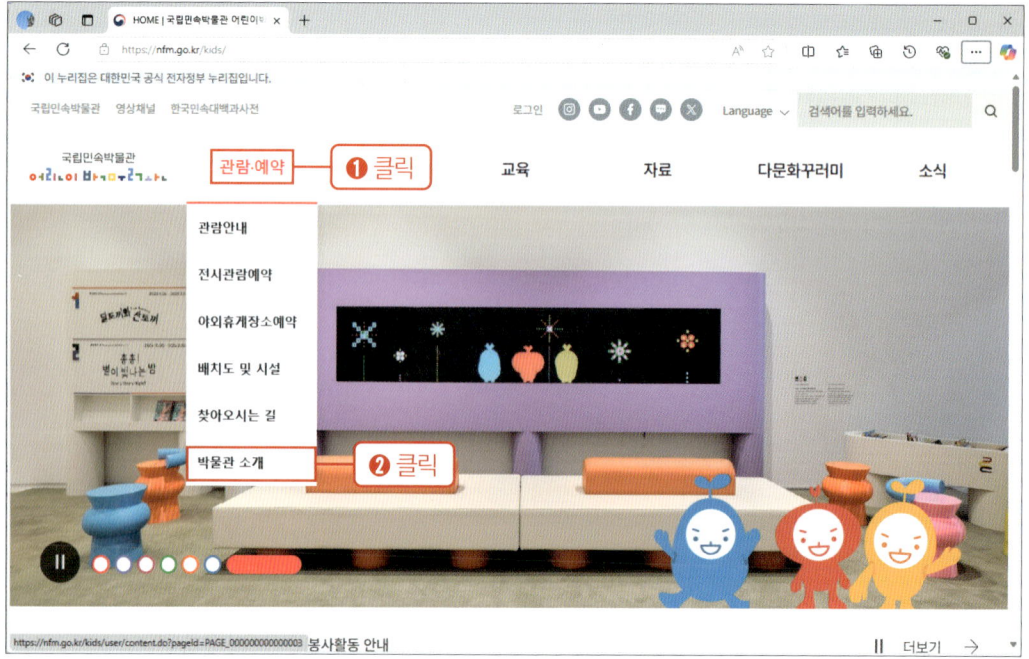

❸ [자료]-[놀이자료]를 클릭합니다.

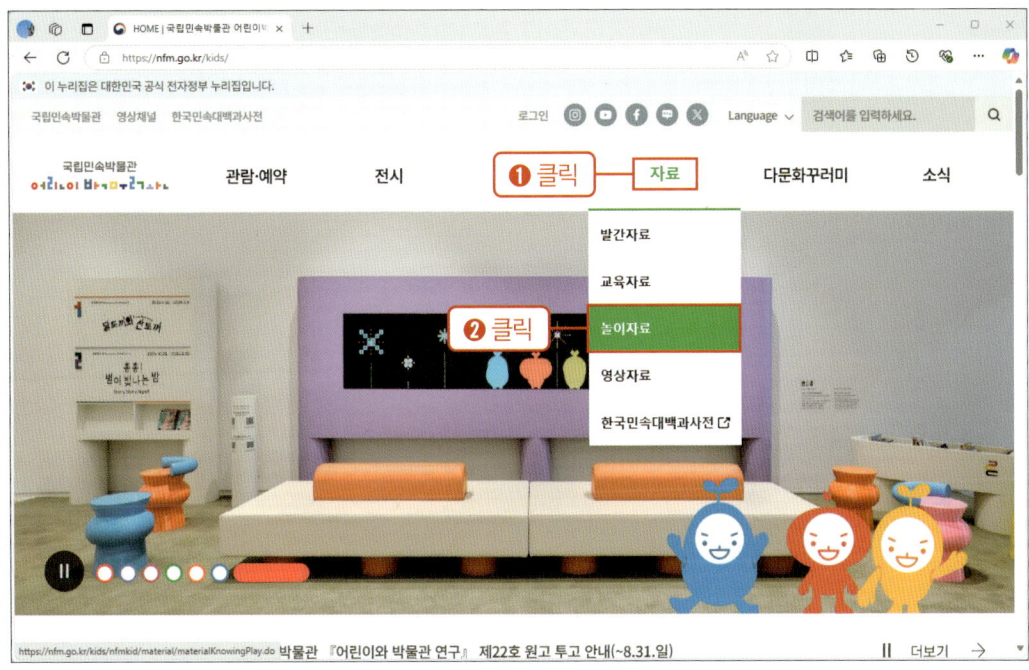

❹ 다양한 우리 놀이 중 하나를 선택하여 놀이 정보와 놀이 방법을 확인해 봅니다.

미션 2 다양한 놀이를 체험해 보아요.

❶ [자료]-[놀이자료]-[집콕! 민속놀이]를 클릭합니다.

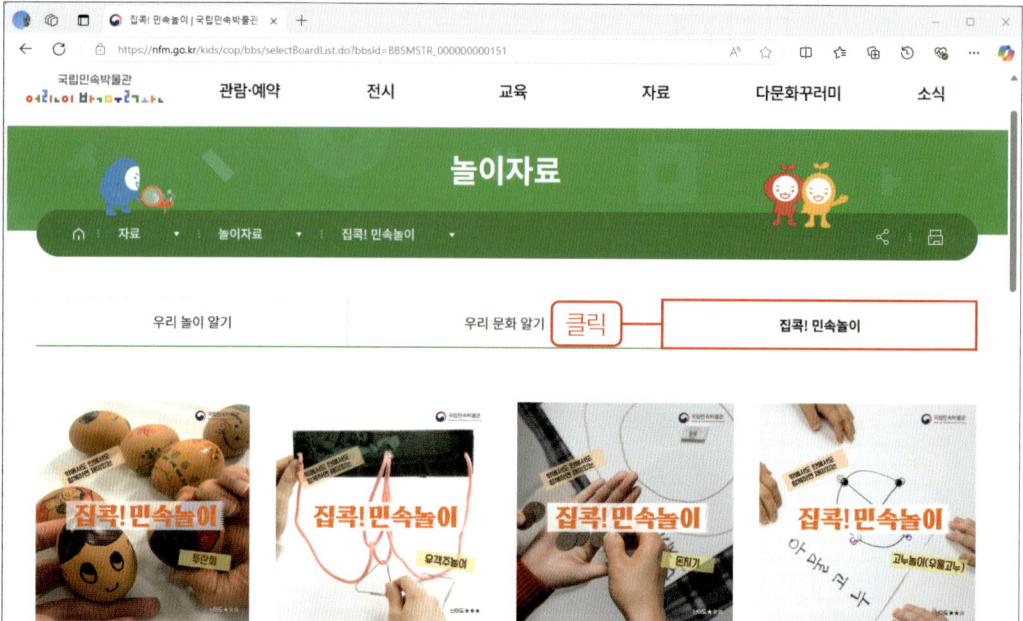

❷ 다양한 놀이 중 원하는 놀이를 선택하여 놀이 방법을 확인하고 놀이를 체험해 봅니다.

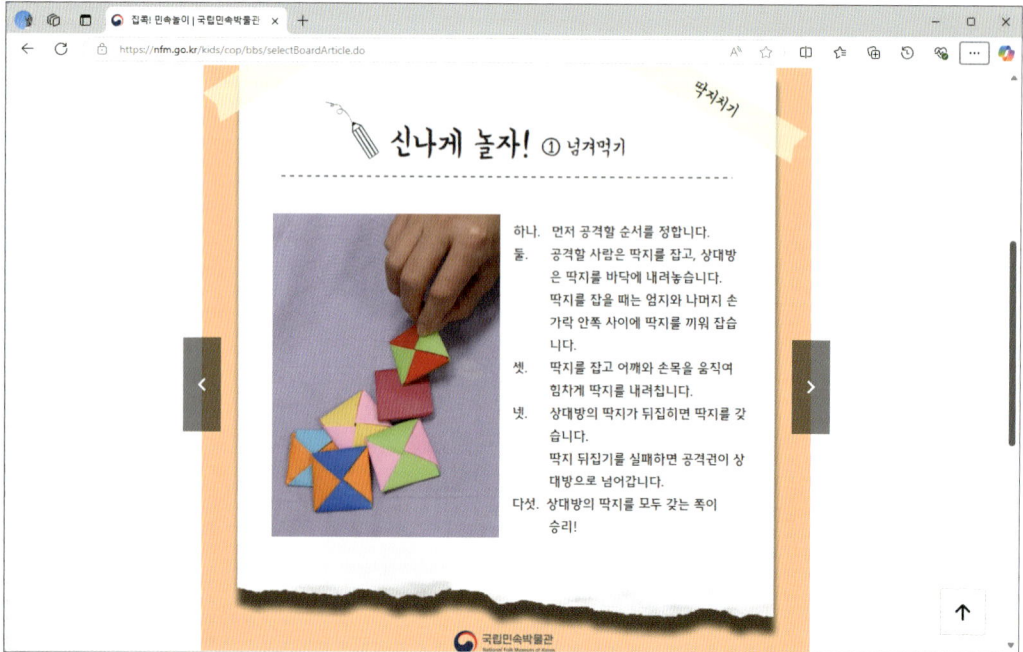

13 혼자 할 수 있어요!

01 [자료마당]-[우리 문화 알기]에서 색동옷에 담긴 의미가 무엇인지 확인해 보세요.

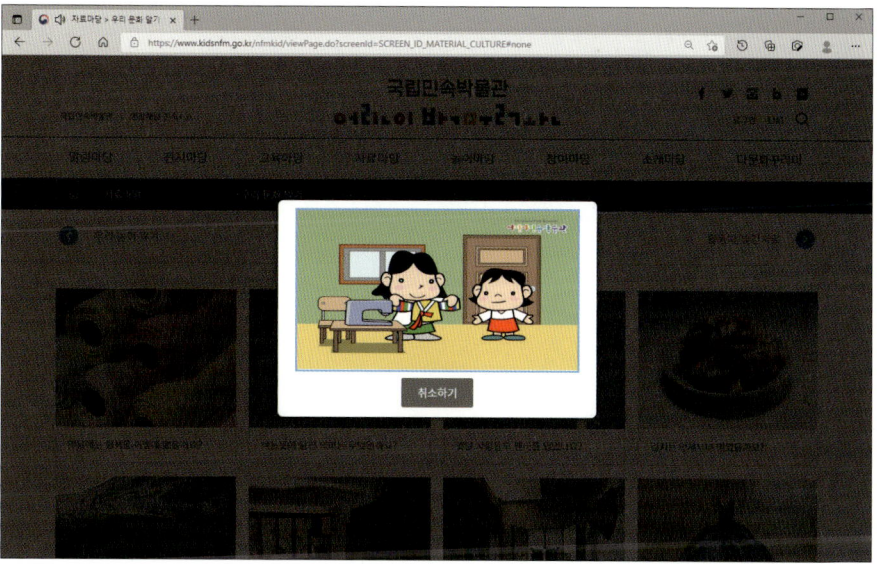

02 [다문화꾸러미]-[태국 꾸러미]에서 태국에 대한 다양한 정보를 확인해 보세요.

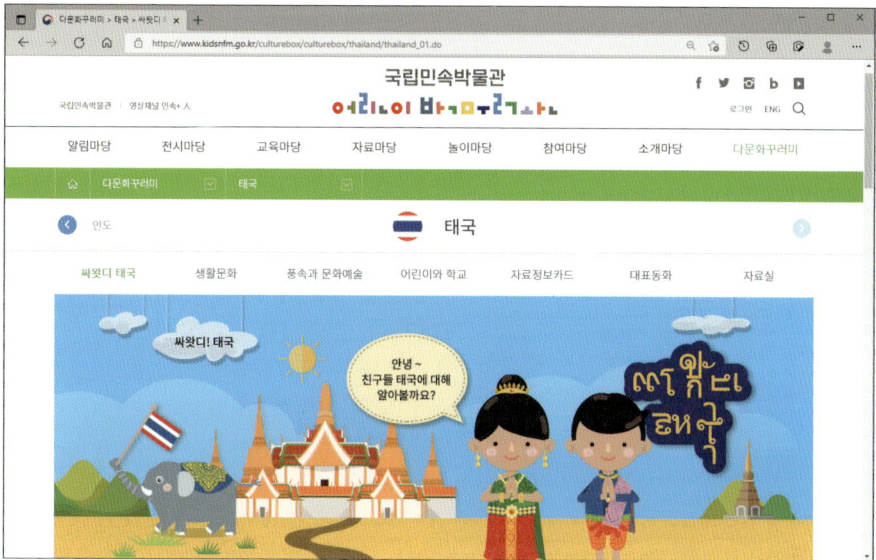

14 우리나라 지도 여행

학 습 목 표

- 지도에 대해 알아봐요.
- 내가 사는 지역의 지도를 다운로드 받아요.
- 지도 퍼즐 맞추기 게임을 해봐요.

미션 1 지도에 대해 알아보아요.

① '네이버' 홈페이지에서 '국토지리정보원 어린이 지도여행'을 검색하거나 주소 표시줄에 'www.ngii.go.kr/child/main.do'를 입력하여 국토지리정보원 어린이 지도여행 홈페이지에 접속합니다.

② [지도랑 놀아요]-[지도백과]를 클릭합니다.

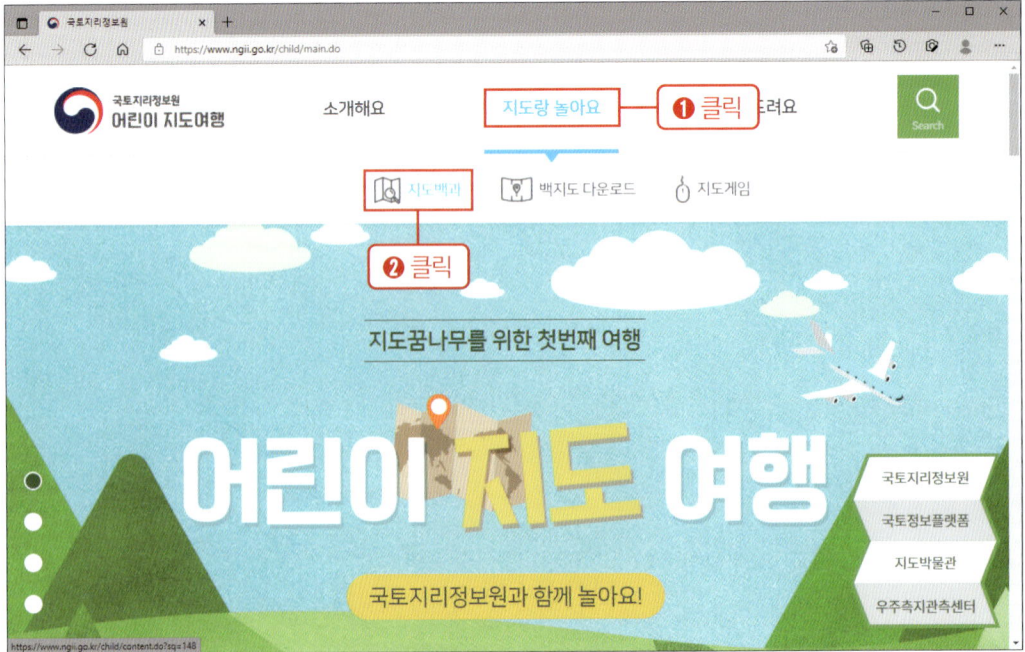

❸ 지도백과의 목차가 나타나면 '지도란 무엇인가요?'를 클릭하여 내용을 확인해 봅니다.

❹ [다음장]을 클릭하여 다음 내용을 확인해 보고 [목차]를 클릭하여 지도백과의 목차로 돌아가 봅니다.

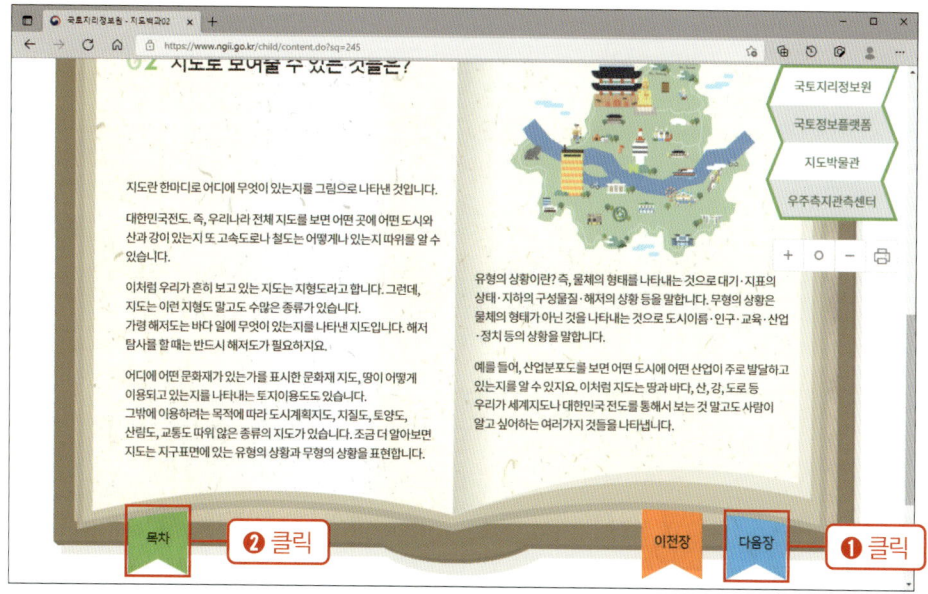

미션 2   내가 사는 지역의 지도를 다운로드 받아 보아요.

❶ [지도랑 놀아요]-[백지도 내려받기]를 클릭하여 백지도 내려받기 페이지가 나타나면 [우리나라 지도]에서 내가 사는 지역을 선택한 후 [백지도]를 클릭하여 다운로드 받습니다.

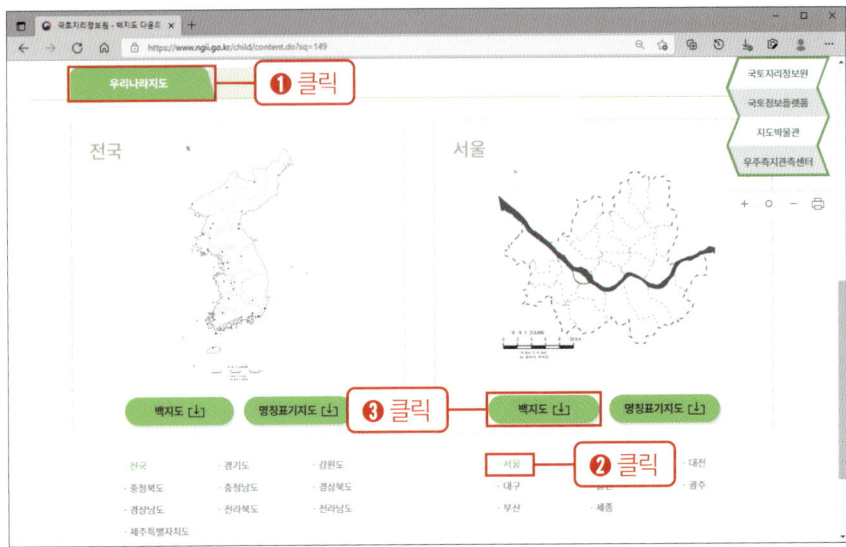

❷ 이어서 [명칭표기지도]를 클릭하여 명칭표기지도를 다운로드 받습니다.

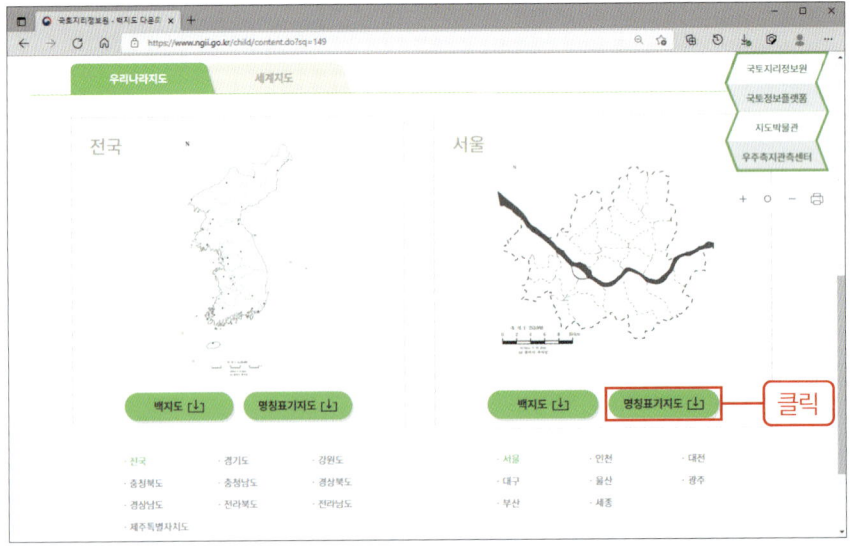

❸ 다운로드 받은 백지도와 명칭표기지도를 확인한 후 두 지도의 차이점을 비교해 봅니다.

 **지도 퍼즐 맞추기 게임을 해보아요.**

① [지도랑 놀아요]-[지도게임]을 클릭하여 지도게임 페이지가 나타나면 퍼즐 맞추기 게임을 하고 싶은 나라의 지도를 클릭합니다.

② 선택한 나라의 지도가 나타나면 [Game START!]를 클릭하여 지도 퍼즐 맞추기 게임을 해봅니다.

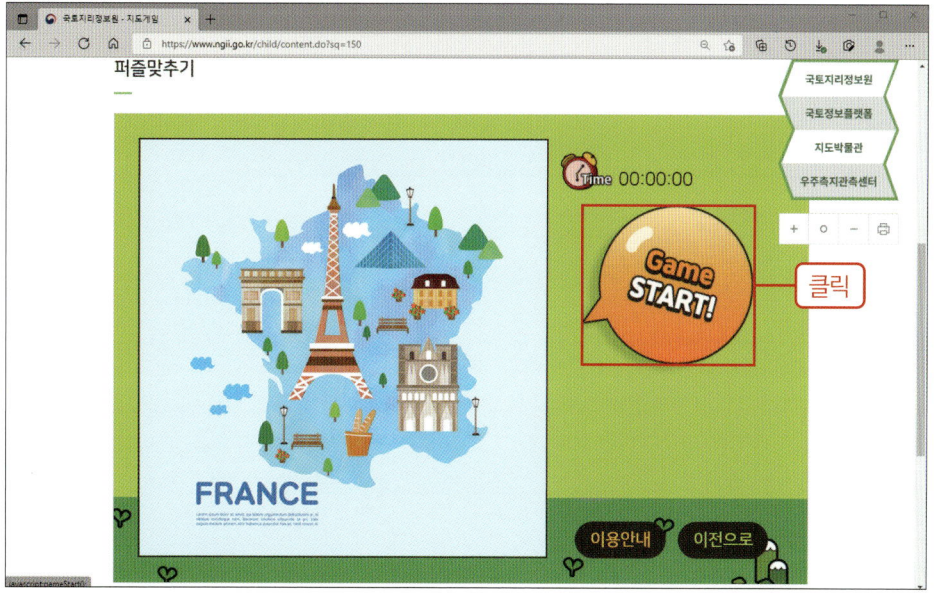

혼자 할 수 있어요!

01 페이지 우측 메뉴의 [국토정보플랫폼]-[국토정보맵]-[역사지도]에서 '대동여지도', '삼일운동지도', '구지도'를 각각 확인해 보세요.

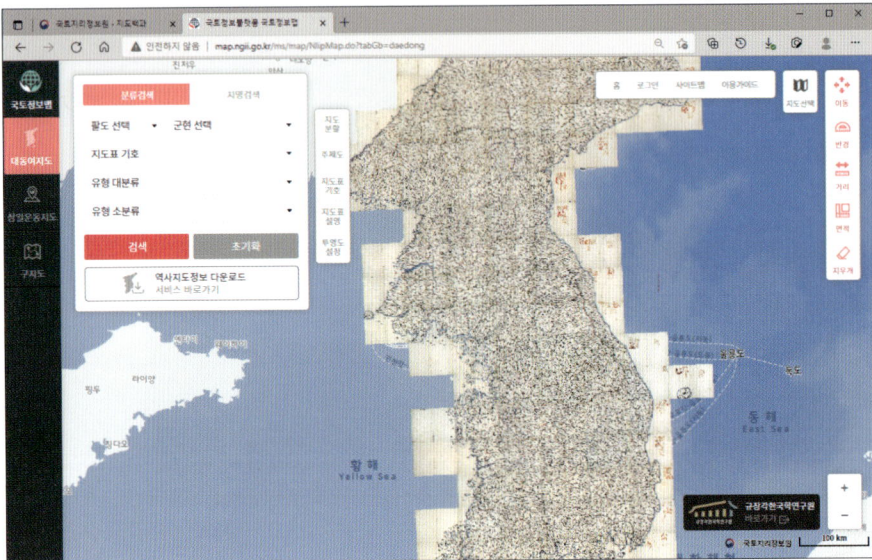

02 페이지 우측 메뉴의 [국립지도박물관]-[유물 기증]-[고지도자료실]에서 우리나라의 다양한 고지도와 다른 나라의 고지도들에 대한 정보를 확인해 보세요.

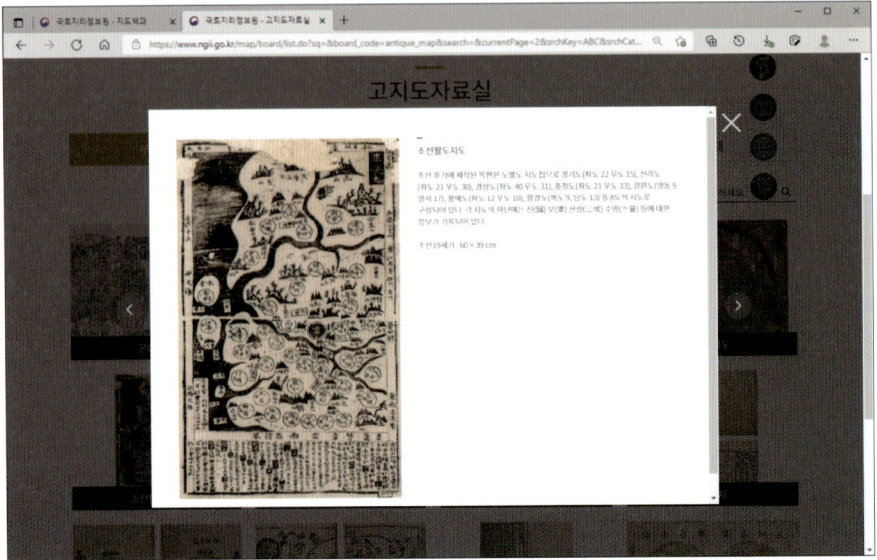

15 인터넷 사전 활용하기

- 네이버 사전 홈페이지를 방문해요.
- 영어를 공부해요.

미션 1 네이버 사전 홈페이지를 방문해 보아요.

1. '네이버' 홈페이지에서 [사전]을 클릭하거나 주소 표시줄에 'dic.naver.com'을 입력하여 네이버 사전 홈페이지에 접속합니다.

2. [어학사전] 검색어 입력란에 '바나나'를 입력하여 검색합니다.

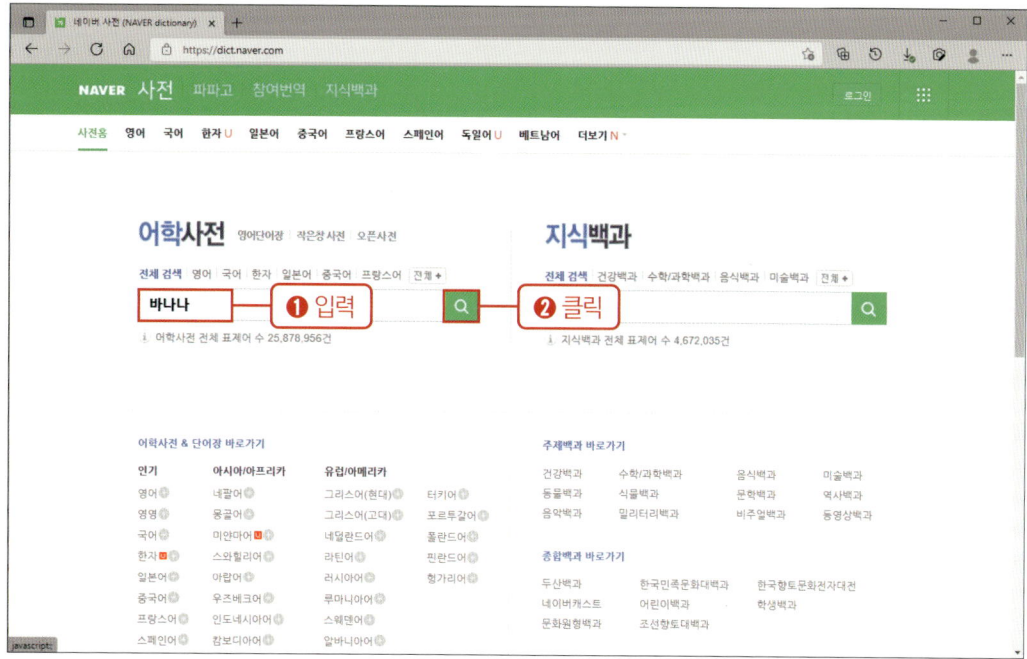

❸ '바나나' 검색 결과를 확인한 후 [스피커(🔊)] 단추를 클릭하여 '바나나'의 영어 발음을 확인해 봅니다.

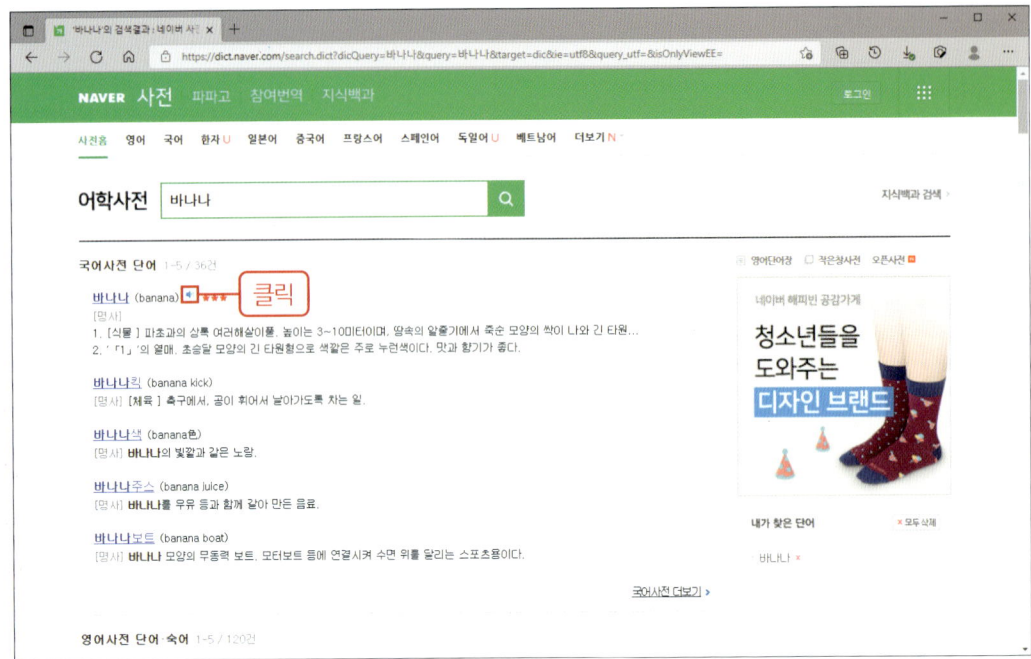

❹ [국어]를 클릭한 후 단어, 맞춤법/표기법, 예문 등에 어떻게 쓰이는지 확인해 봅니다.

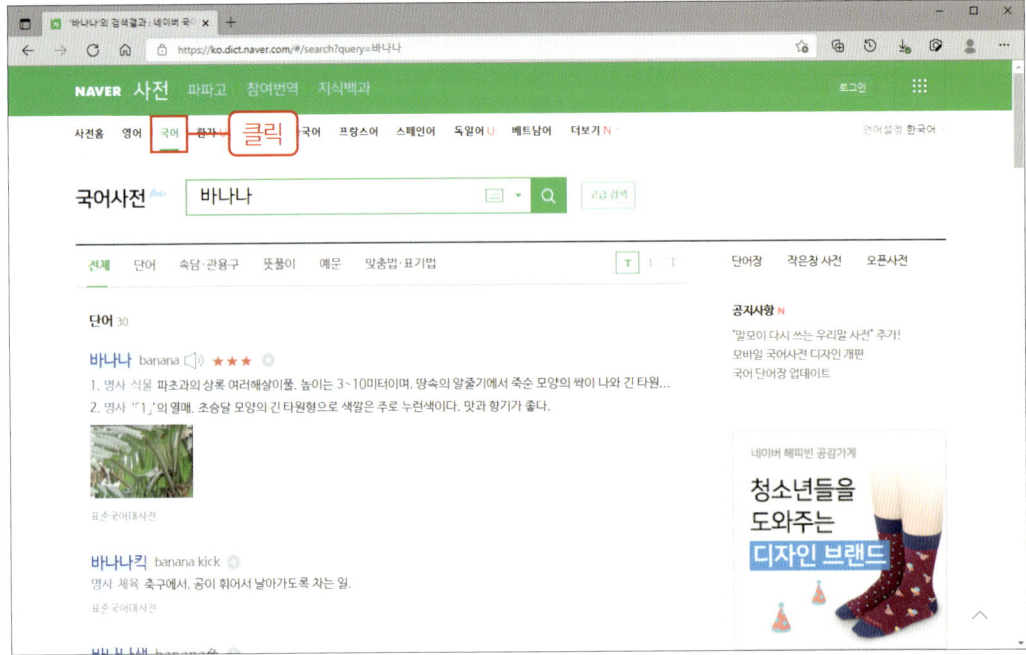

❺ [한자], [일본어], [중국어]를 클릭하여 '바나나'를 뜻하는 각국의 단어와 발음을 확인합니다.

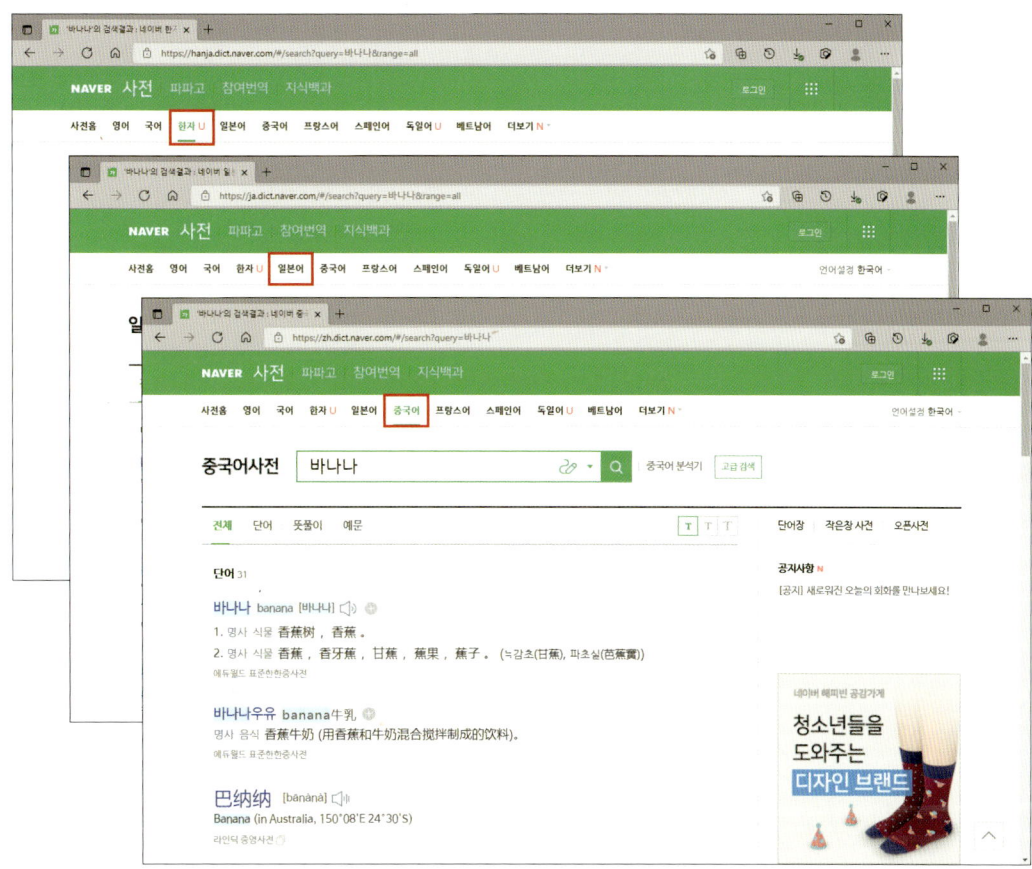

❻ [작은창 사전]을 클릭하여 '작은창 사전'을 실행시킨 후 '양'을 검색합니다.

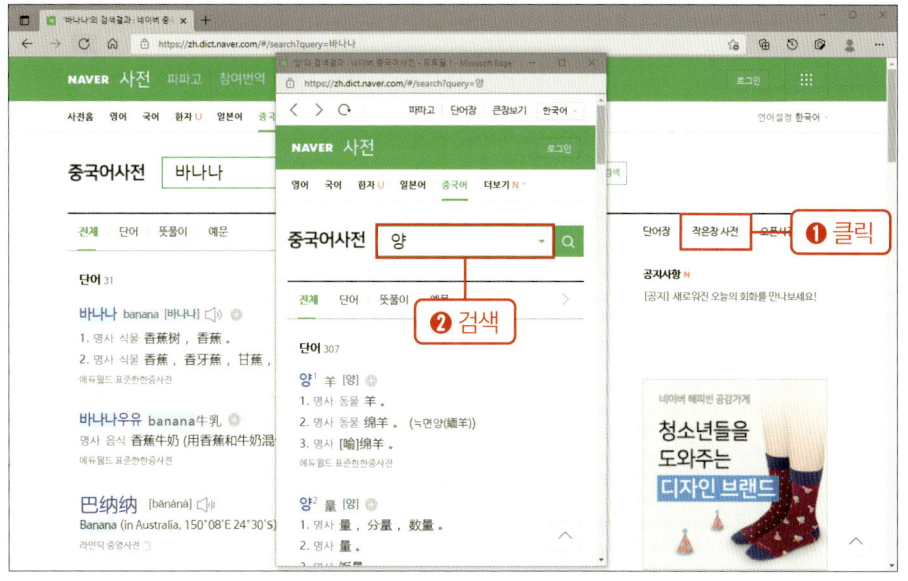

미션 2) 네이버 사전을 이용해 영어 공부를 해보아요.

① [영어]를 클릭한 후 '파인애플'을 검색합니다.

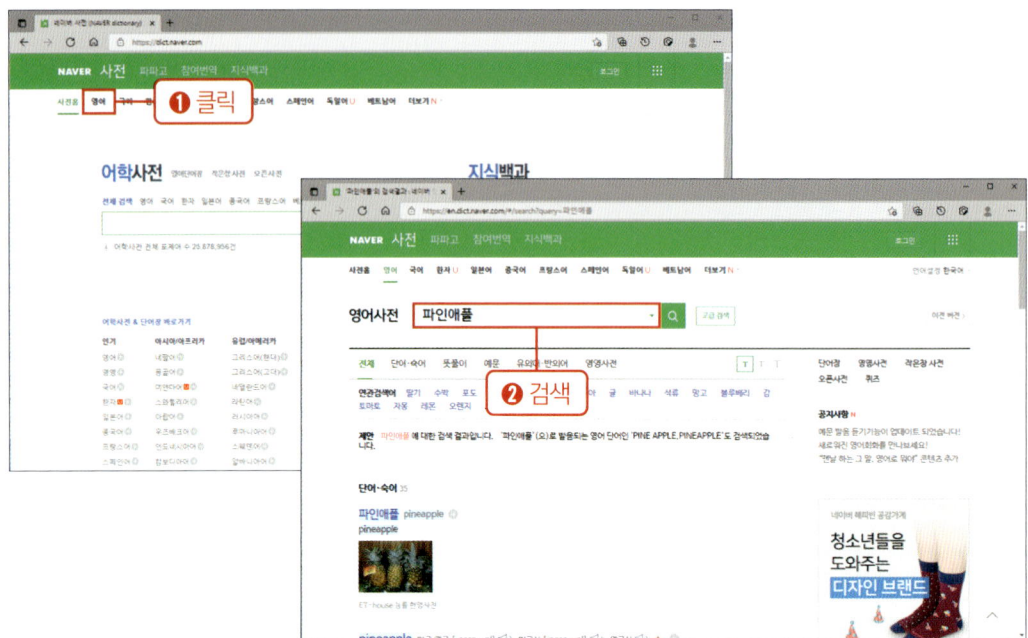

② '파인애플'의 단어/숙어, 본문, 예문, 번역 결과를 확인한 후 [스피커(🔊)] 단추를 클릭하여 '파인애플'의 미국 · 영국 발음과 미국식 · 영국식 발음을 확인해 봅니다.

15   혼자 할 수 있어요!

01 '네이버 사전'을 이용하여 다음 표의 빈칸을 채워 보세요.

한글	영어	한글	일본어
나무		연필	
날씨		지우개	
구름		시계	
사전		신발	

한글	한자	한글	프랑스어
학교		등교	
학생		가정	
선생님		식구	
교실		부모님	

02 '네이버 사전'을 이용하여 다음 퀴즈를 풀어 보세요.

- 가렴주구 ● ● 당장 눈앞에 나타나는 차별만을 알고 그 결과가 같음을 모름의 비유

- 결초보은 ● ● 세금을 가혹하게 거두거나 백성의 재물을 억지로 빼앗음

- 관포지교 ● ● 죽어 혼이 되더라도 입은 은혜를 잊지 않고 갚음

- 각주구검 ● ● 친구 사이의 매우 다정하고 허물 없는 교제

- 조삼모사 ● ● 판단력이 둔하여 융통성이 없고 세상일에 어둡고 어리석다는 뜻

16 개인정보보호와 스마트폰 과의존 알아보기

학습목표
- 개인정보 보호에 대해 알아봐요.
- 스마트폰 과의존에 대해 알아봐요.

 **개인정보 보호에 대해 알아보아요.**

① '네이버' 홈페이지에서 '쥬니어네이버'를 검색하거나 주소 표시줄에 'jr.naver.com'을 입력하여 쥬니어네이버 홈페이지에 접속합니다.

② [캐릭터]-[놀이학습]-[네이버 프라이버시TV]를 클릭합니다.

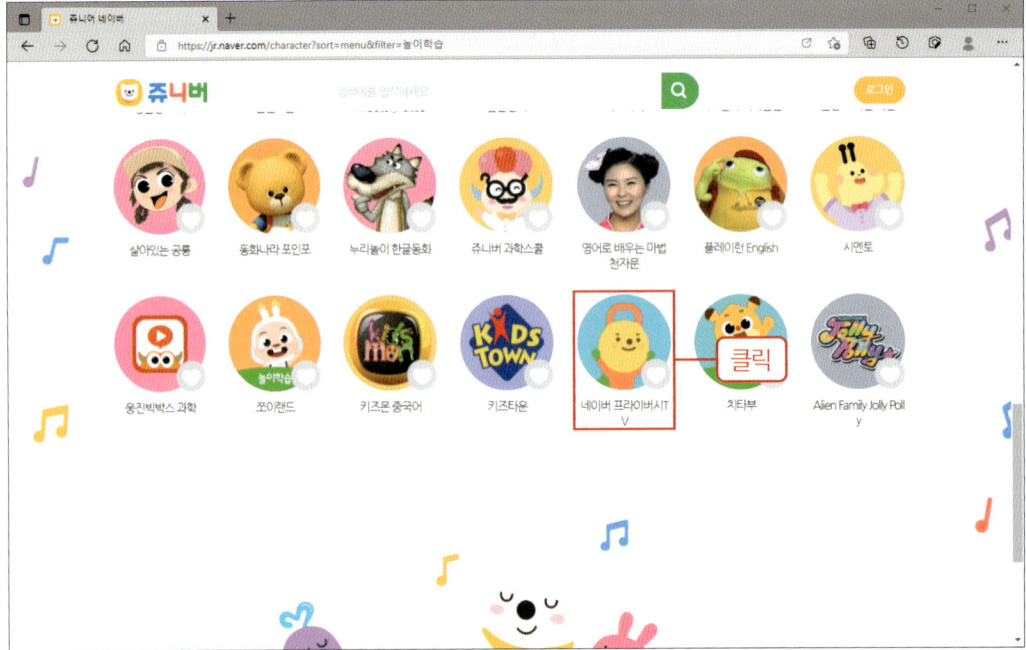

❸ 동영상 목록이 나타나면 '초등학생용 1탄! 개인정보가 뭐에요?' 영상을 클릭하여 동영상을 확인합니다.

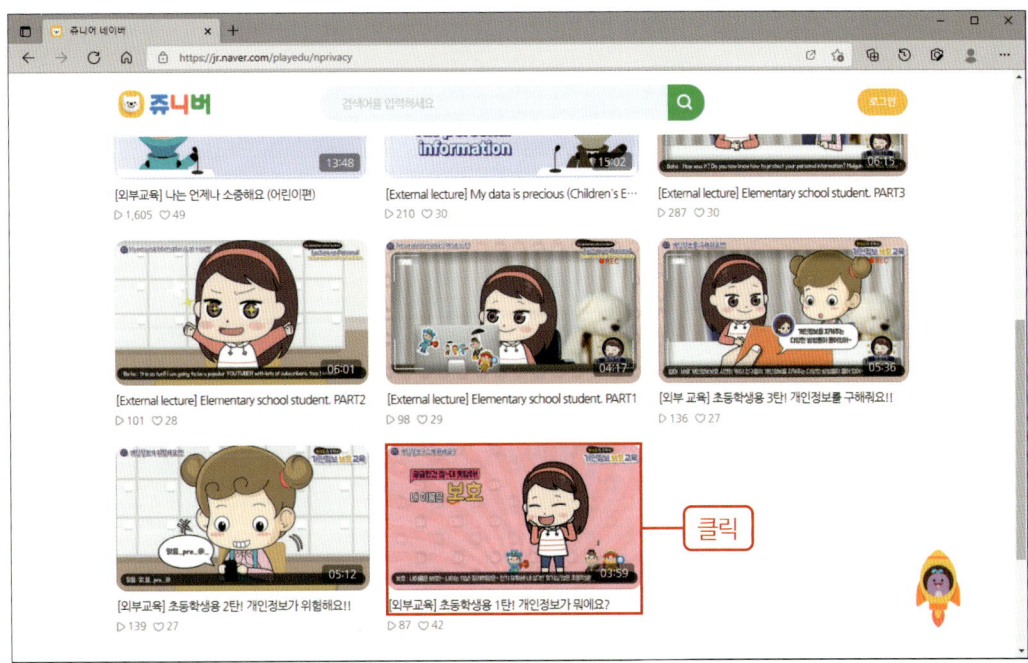

❶ 개인정보가 무엇인지 적어 보세요.

❷ 개인정보에는 어떤 것들이 있는지 적어 보세요.

❸ 개인정보가 유출되면 어떤 피해를 보게 될지 적어 보세요.

미션 2   스마트폰 과의존에 대해 알아보아요.

① '네이버' 홈페이지에서 '스마트쉼센터'를 검색하거나 주소 표시줄에 'www.iapc.or.kr'을 입력하여 스마트쉼센터 홈페이지에 접속합니다.

② [과의존이란?]-[스마트폰 과의존이란?]을 클릭하여 스마트폰 과의존이란 무엇인지 확인합니다.

❸ [과의존이란?]-[스마트폰 과의존 척도]-[유아동 대상]을 클릭하여 진단을 실시한 후 결과를 확인합니다.

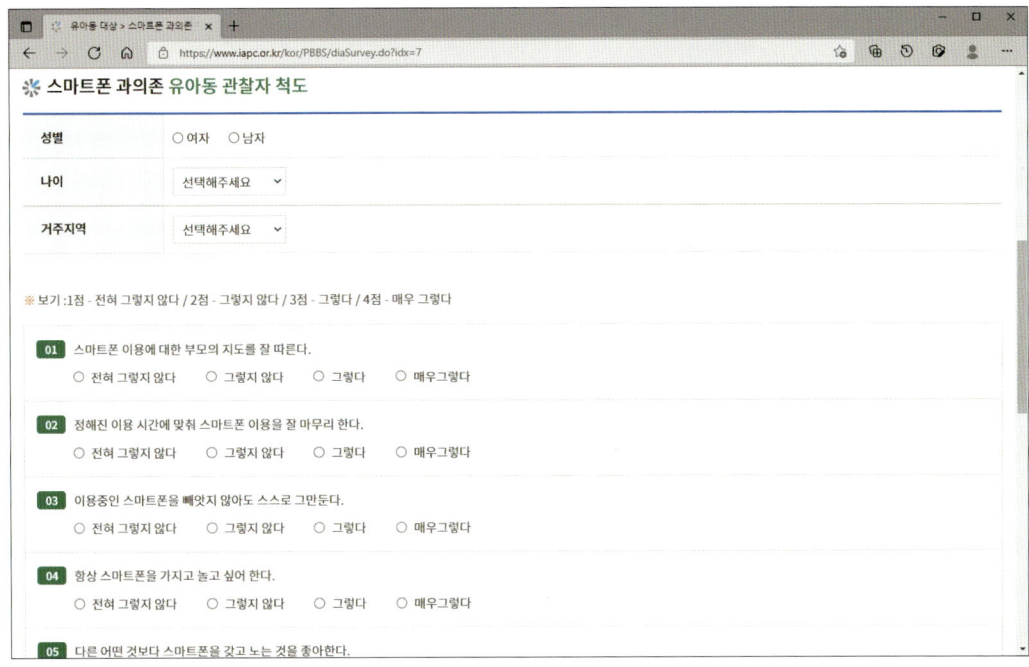

❹ [자료실]-[콘텐츠·교육자료]를 클릭한 후 '나와라 스마트폰, 세상밖으로'를 제목으로 검색하여 관련 자료를 확인합니다.

혼자 할 수 있어요!

01 '쥬니어네이버' 홈페이지 '네이버 프라이버시TV'에서 '초등학생용 2탄! 개인정보가 위험해요!!' 동영상을 시청해 보세요.

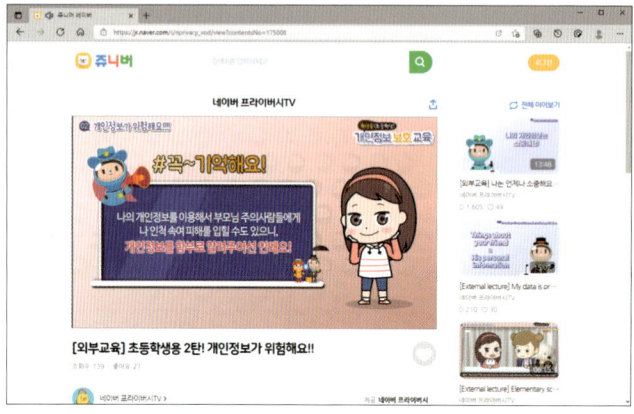

개인정보가 유출되어 피해를 본 경험을 적어 보세요.

02 '쥬니어네이버' 홈페이지 '네이버 프라이버시TV'에서 '초등학생용 3탄! 개인정보를 구해줘요!!' 동영상을 시청해 보세요.

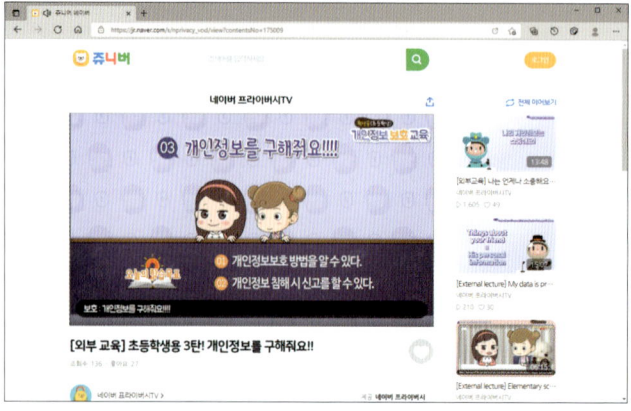

스마트폰 비밀번호 설정 규칙을 적어 보세요.

01  솜씨 어때요?

01 '네이버 지도'에 접속하여 '호미곶'을 검색한 후 주소를 적어 보세요.

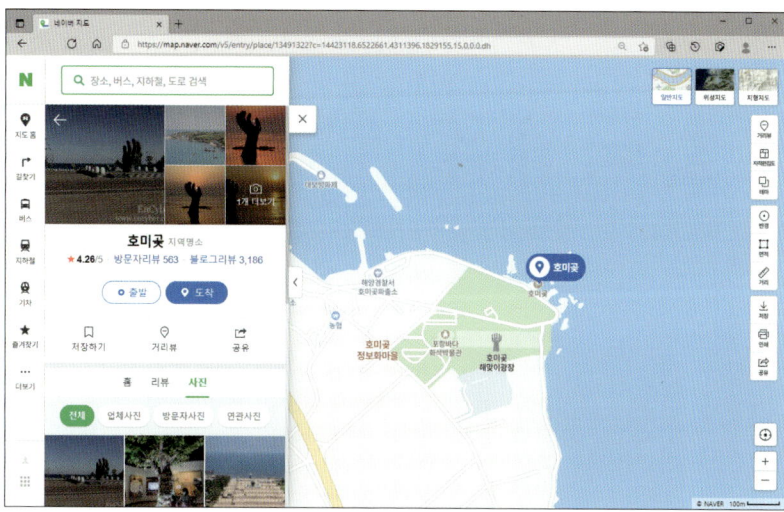

02 대중교통을 이용하여 우리 학교에서 '호미곶'으로 가는 경로를 검색해 보세요.

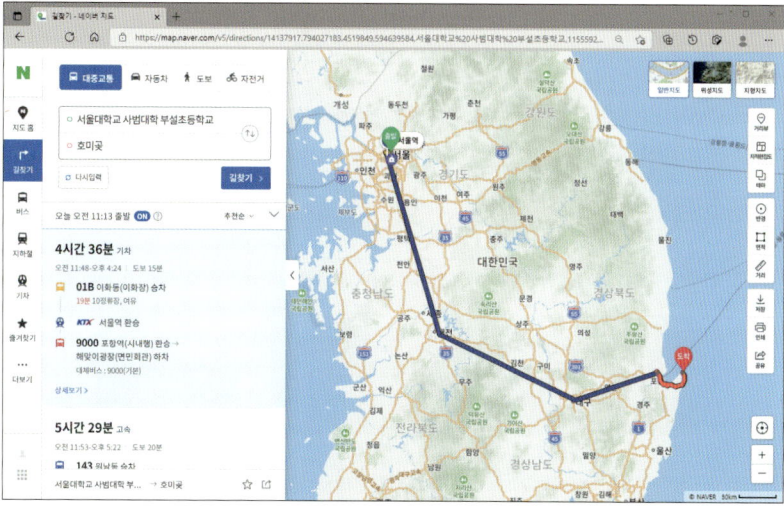

02 솜씨 어때요?

01 '어린이·청소년 국가유산청' 홈페이지에 접속하여 '국가유산'에 대해 자세히 알아 보세요.

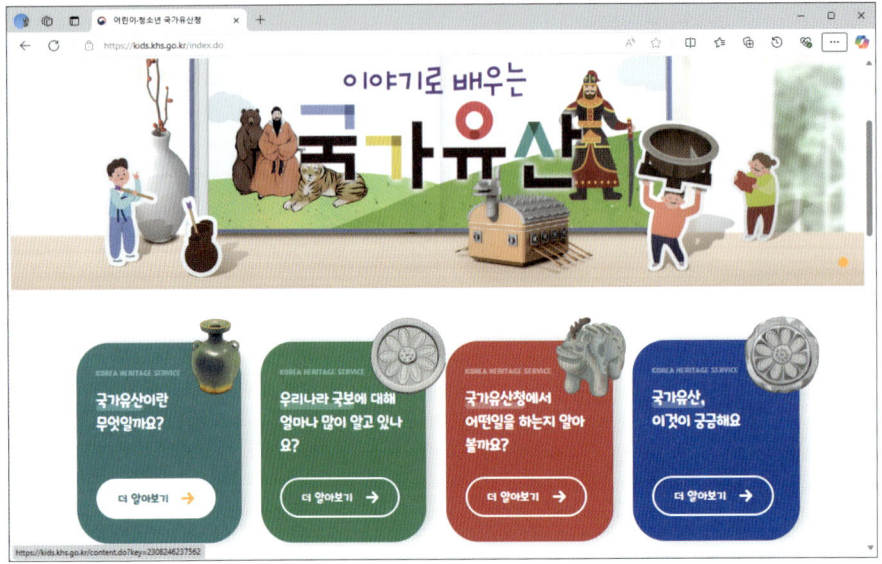

02 [지식]-[국보의 종류]를 클릭하여 다양한 국보를 확인해 보세요.

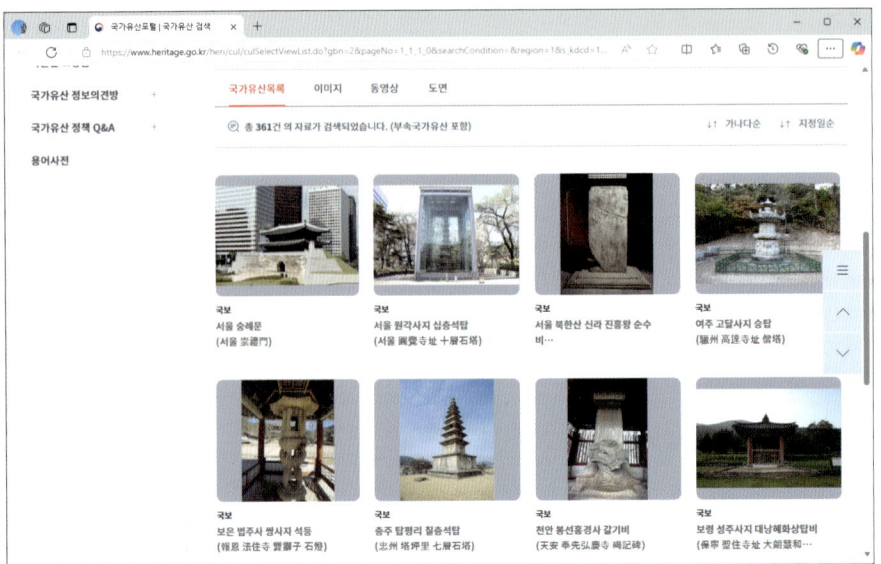

01 '어린이 조선일보' 홈페이지에 접속한 후 [독자참여]-[시사낱말]을 클릭하여 낱말퍼즐 게임을 해보세요.

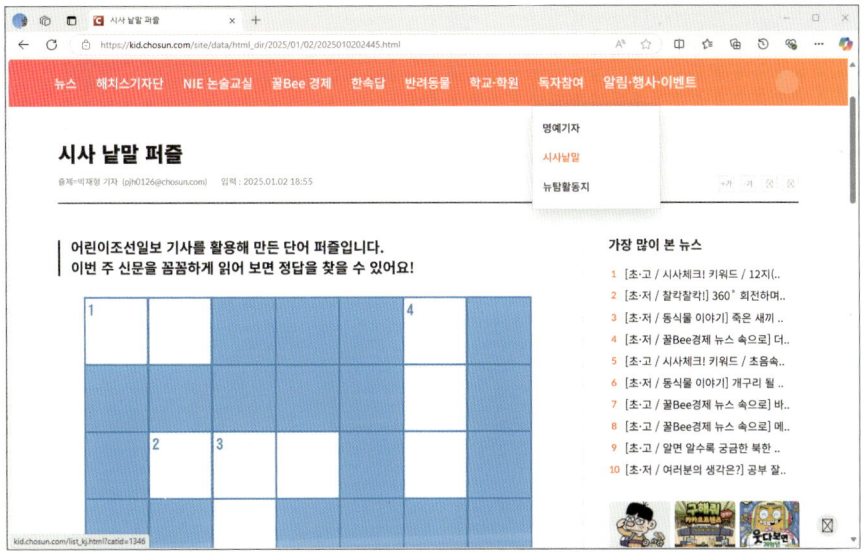

02 '어린이 조선일보' 홈페이지에서 검색창에 '손씻기'를 검색하여 올바른 손 씻기 6단계를 알아 보세요.

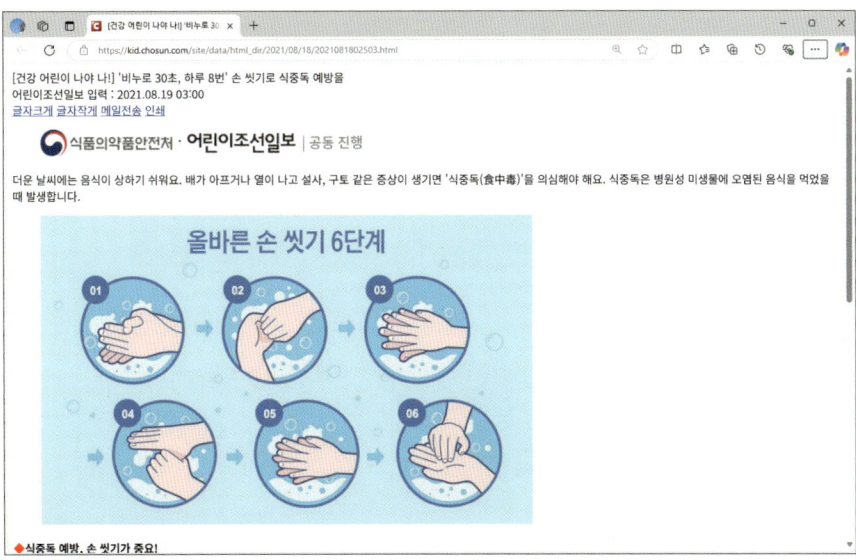

01 '기상청 – 어린이 기상교실' 홈페이지에 접속한 후 [날씨꾸러미]-[날씨영상]에서 구름, 비, 눈이 어떻게 만들어지는지 확인해 보세요.

02 [날씨꾸러미]-[기상재해영상]에서 다양한 기상재난대비영상을 시청해 보세요.

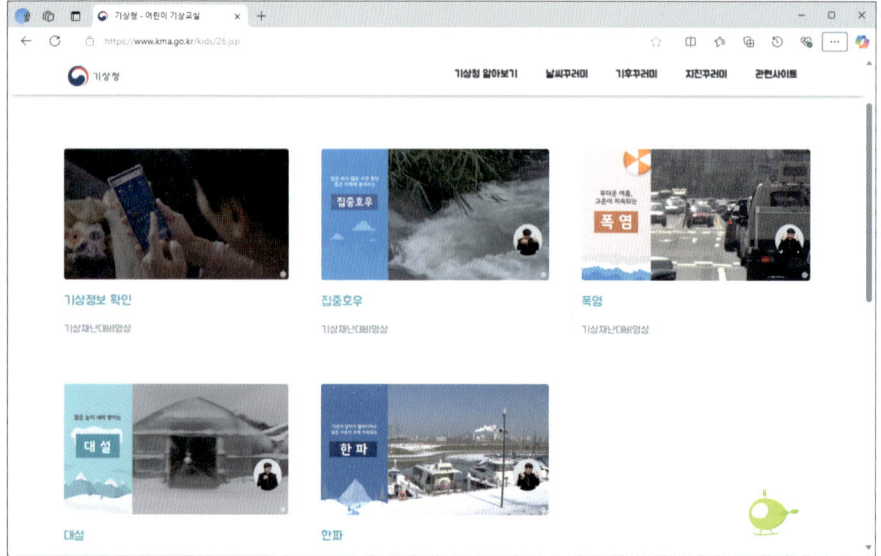

01 '한국저작권위원회' 사이트에 접속한 후 [배움터]-[저작권이란]에서 저작권이 무엇인지 확인해 보세요.

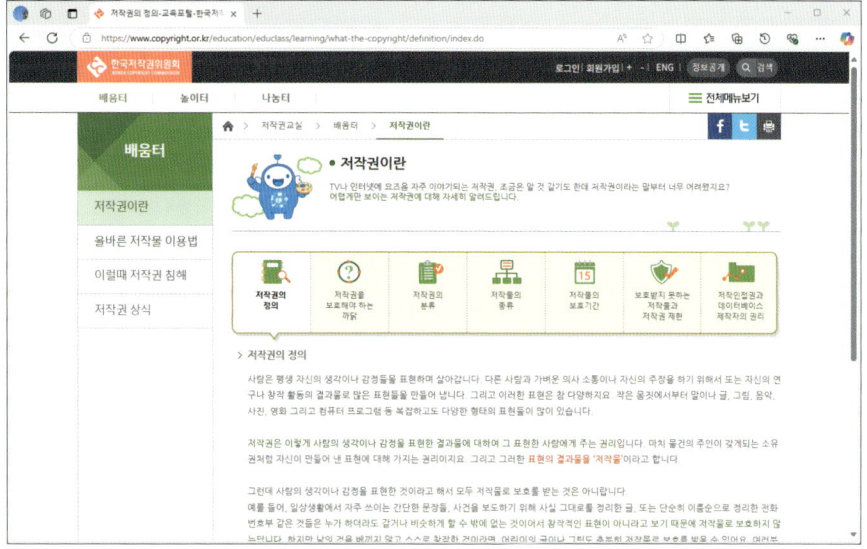

02 [놀이터]-[애니메이션]-[인터넷 나라의 저작권]에서 '내 핸드폰과 저작권' 애니메이션을 시청해 보세요.

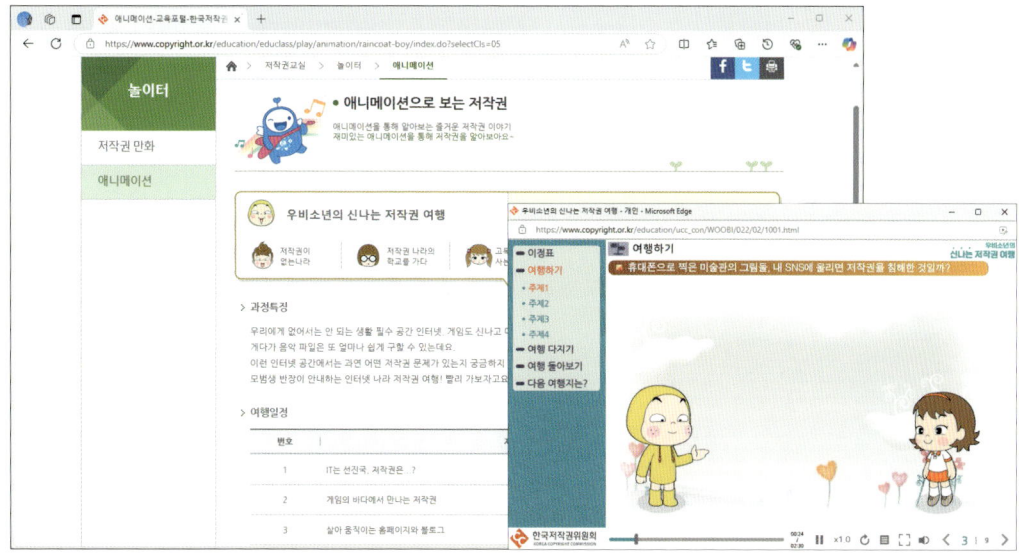

01 '구글' 홈페이지 검색창에 '크리스마스'를 클릭하면 나타나는 선물상자를 클릭해 보세요.

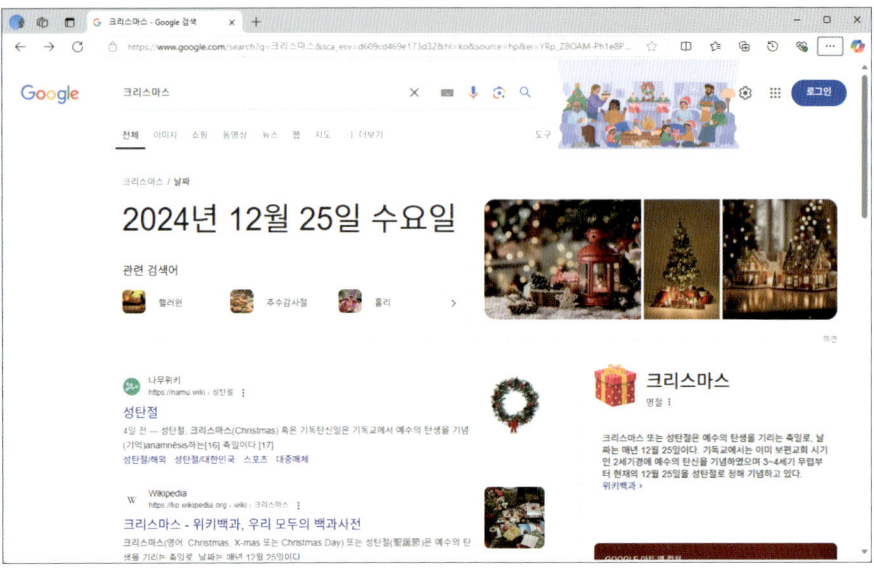

02 '산타추적기'가 실행되면 다양한 게임을 진행해 보세요.

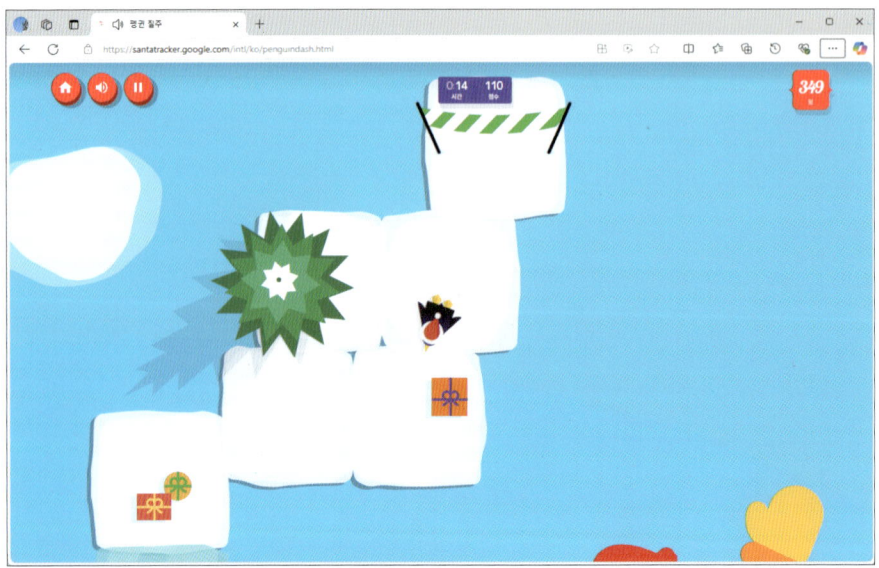

07    솜씨 어때요?

01 '감사원어린이청소년' 홈페이지에 접속한 후 '암행어사'의 정의와 유래, 마패 등의 정보를 확인해 보세요.

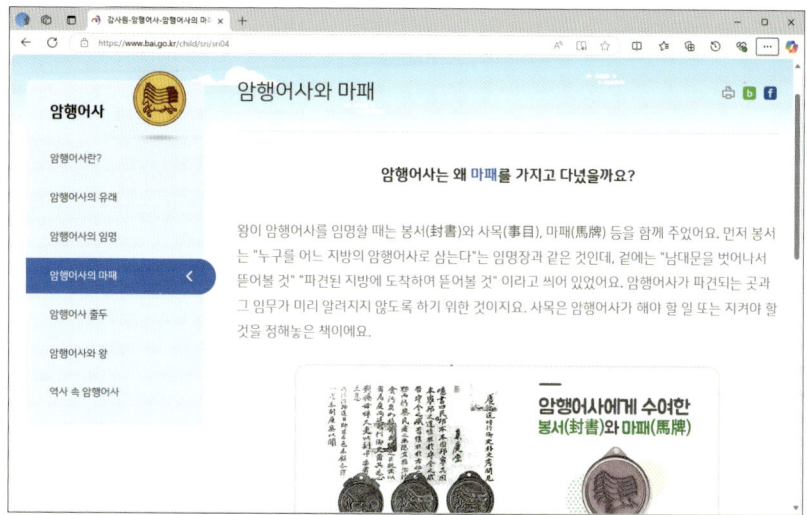

02 '감사원어린이청소년' 홈페이지에서 '청백리'가 어떤 뜻인지 찾아 적어 보세요.

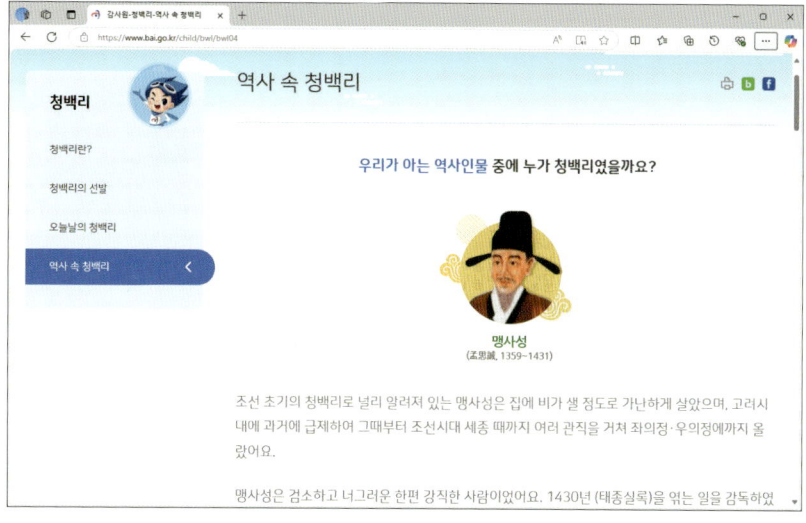

청백리란?

솜씨 어때요?

01 '어린이국방부' 홈페이지에 접속한 후 '육군', '해군', '공군', '해병'의 캐릭터 이름을 확인해 보세요.

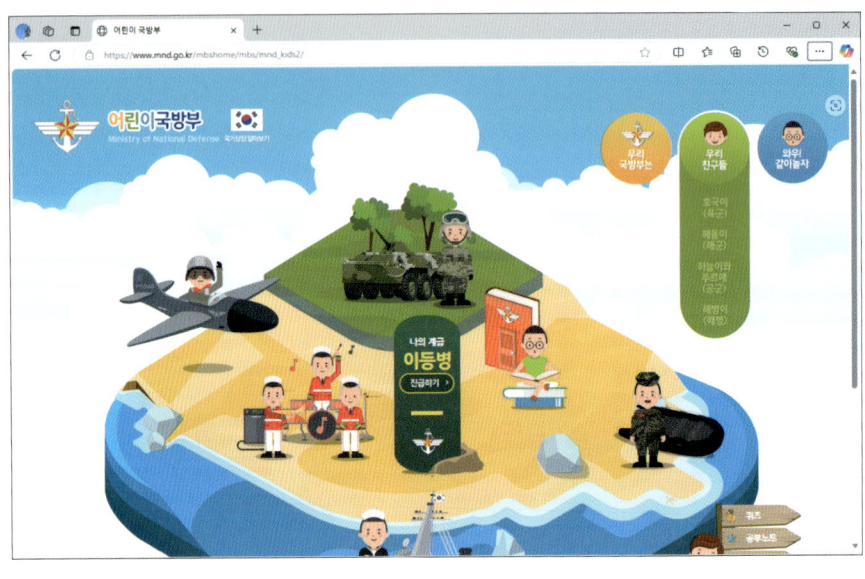

육군 :   해군 :   공군 :   해병 :

02 [와우! 같이놀자]에서 우리나라 군대에 대한 다양한 정보를 확인해 보세요.

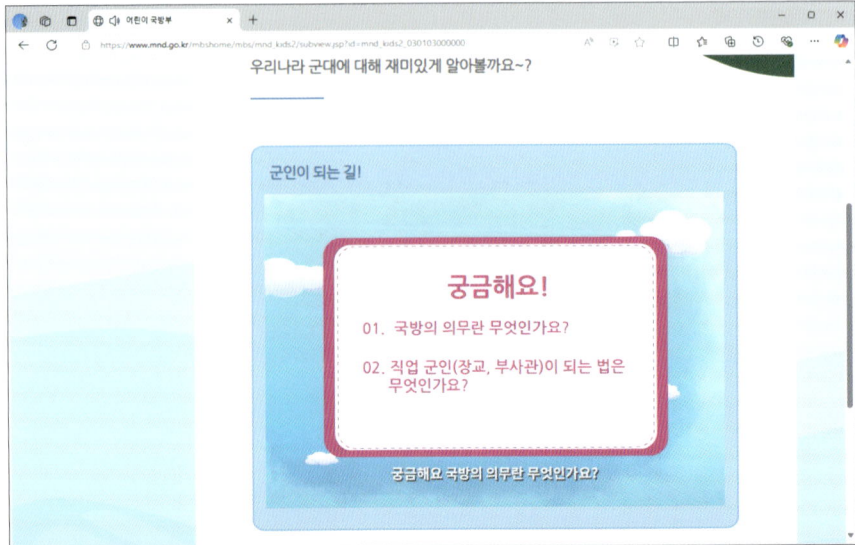

초등 전과목
디지털학습 플랫폼

디지털 츄크

첫 달 100원
무제한 스터디밍

지금 신규 가입하면
첫 달 ~~9,500원~~ → 100원!

초등 전과목
교과 학습

AI 문해력
강화 솔루션

AI 수학 실력
향상 프로그램

웹툰으로 만나는
학습 만화

초중고 교과서 발행 부수 1위 기업 MiraeN

초등 전과목
디지털학습 플랫폼

디지털 초코

첫 달 100원
무제한 스터디밍

지금 신규 가입하면
첫 달 ~~9,500원~~ → 100원!

초등 전과목
교과 학습

AI 문해력
강화 솔루션

AI 수학 실력
향상 프로그램

웹툰으로 만나는
학습 만화

초중고 교과서 발행 부수 1위 기업 **MiraeN**